U0662586

汉画总录

30

南阳

本卷主编　王峰　朱青生

GUANGXI NORMAL UNIVERSITY PRESS
广西师范大学出版社
·桂林·

本研究由2012年度国家社科基金重大项目"中国汉代图像数据库与《汉画总录》编撰研究"资助

本专项研究得到吴作人国际美术基金会的赞助

HANHUA ZONGLU

项目统筹　汤文辉　李　琳
责任编辑　赵运仕　李　琳　周翊安　张东艳
装帧设计　李若静　陆润彪　刘　凛　汪　娟
责任技编　李春林

图书在版编目（CIP）数据

汉画总录. 30，南阳 / 王峰，朱青生主编. —桂林：
广西师范大学出版社，2013.11
　ISBN 978-7-5495-4909-2

　Ⅰ．①汉… Ⅱ．①王…②朱… Ⅲ．①画像砖－史料－
研究－中国－汉代②画像砖－史料－研究－南阳市－汉代
Ⅳ．①K879.444

　中国版本图书馆 CIP 数据核字（2013）第 304712 号

广西师范大学出版社出版发行

（广西桂林市中华路22号　邮政编码：541001）
（网址：http://www.bbtpress.com）
出版人：何林夏
全国新华书店经销
桂林广大印务有限责任公司印刷
（广西桂林市临桂县金山路168号　邮政编码：541100）
开本：787 mm ×1 092 mm　1/16
印张：17.25　　字数：150 千字
2013 年 11 月第 1 版　　2013 年 11 月第 1 次印刷
定价：480.00 元

如发现印装质量问题，影响阅读，请与印刷厂联系调换。

序

文字记载，图画象形。人性之深奥、文化之丰富俱在文献形相之中；史实之印证、问题之追索无非依靠文字图形。[1] 汉画乃有汉一代形相与图画资料之总称。

汉代之前，有各种物质文化遗迹与形相资料传世。但是同时代文献相对缺乏，虽可精观细察，恢复格局，重组现象，拾取位置、结构和图像信息，然而毕竟在紧要处，但凭推测，难于确证。汉代之后，也有各种物质文化遗迹与形相资料传世，但是汉代之前的问题不先行获得解释，后代的讨论前提和基础就愈加含糊。尤其渊源不清，则学难究竟。汉代的文献传世较前代为多，近年汉代出土文献日增，虽不足以巨细问题尽然解决，但是与汉代之前相比，判若文献"可征"与"不可征"之别。所以，汉画作为中国形相资料的特殊阶段，据此观察可印之陈述，格局能佐之学理，现象会证之说明；位置靠史实印证，结构倚疏解诠释。因图像信息与文字信息的双重存在，将使汉画成为建立中国图像志，用形相学的方法透入历史、文化和人性的一个独特门类。此汉画作为中国文化研究关键理由之一。

两汉之世事人情、典章制度可以用文字表达者俱可在经史子集、竹帛简牍中钩沉索隐，而信仰气度、日常生活不能和不被文字记述者，当在形相资料中考察。形者，形体图像；相者，结构现象。事隔二千年形成古今感受之间的千仞高墙，得汉画其门似可以过入。而中国文明的基业，多始于汉代对前代的总结、集成而制定规范；即使所谓表率万世之儒术，亦为汉儒所解释而使之然。诸子学说亦由汉时学人抄传选择，隐显之功过多在汉人。而道德文章、制度文化之有形迹可以直接回溯者，更是在汉代确立圭旨，千秋传承，大同小异，直至中国现代化来临。往日的学术以文字文献为主，自从进入图像传播时代，摄影、电视造成了人类看待事物的新方法，养成了直接面对图像的解读能力。于是反观历史，对于形相资料的重视与日俱增。因此，由于汉代奠定汉族为主体的文明而重视汉代，由于读图观相的时代到来而重视图画，此汉画之为中国文化研究关

---

[1] 对于古史，有所谓四重证据法：传世文献+出土文献+出土文物+依地形、位置和建筑建构遗存复原的文化环境设想。但任何史实，多少都有余绪流传至今，则可通过现今活态遗存，以今证古，这是西方人类学、文化地理学中使用的方法。例如，可从近日的墓葬石工技艺中考溯汉代制作；再如，今日非物质文化遗产中的祭祀庆典仪式，其中可能有此地同族举行同类型活动的延承，正所谓"礼失而求诸野"。所以，对于某些历史对象，可以采用"六重证据法"：传世文献+出土文献+出土文物+复原的文化环境设想+现今活态遗存+试验考古（即用当时的工具、材料、技术、观念重新试验完成一遍古代特定的任务）。对问题的追索无非依靠文字和形相两种性质的材料，故略称"文字图形"。

键理由之二。

　　"汉画"沿用习称。《汉画总录》关注的汉画包括画像石、画像砖、帛画、壁画、器物纹样和重要器物、雕刻、建筑（宗教世俗场所和陵墓）。所以，与《汉画总录》互为表里的国家图像数据库[2]则称之为"汉代形像资料"，是为学术名称。

　　汉画研究根基在资料整理。图像资料的整理要达到"齐全"方能成为汉画学的基础。所谓齐全，并非奢望汉代遗迹能够完整留存至今，而是将现存遗址残迹，首先确定编号，梳理集中，配上索引，让任何一位学者或观众，有心则可由之而通览汉代的形相资料总体，了解究竟有多少汉代图形存世。能齐观整体概况，则为齐也。如果进一步追索文化、历史和人性的问题，则可利用这个系统，有条理、有次序地进入浩瀚的形相数据，横征纵析，采用计算机详细精密的记录手段和索引技术，获取现有的全部图像材料。与我们陆续提供给学界的"汉代古文献全文数据库"和"中文、西文、日文研究文献数据库"互为参究，就能协助任何课题，在一个整体学科层面上开展，减少重复，杜绝抄袭，推动研究，解决问题。能把握学科动态则为全也。《汉画总录》是与国家图像数据库相辅相成的一个长期文化工程，是依赖全体汉画学者努力方能成就的共同事业。一事功成，全体受益。如果《汉画总录》及其索引系统建成完整、细致、方便的资料系统，汉画学的推进，可望会有飞跃。对其他学科亦不无帮助。

　　汉画编目和《汉画总录》的编辑是繁琐而细致的工作。其平常在枯燥艰苦的境况中日以继夜。此事几无利益，少有名声，唯一可以告慰的是我们用耐心的劳动，正抹去时间的风尘，使中国文明之光的一段承载——汉画，进入现代学术的学理系统中，信息充溢，条理清楚，惠及学界。况且汉画虽是古代文化资料，毕竟养成和包蕴汉唐雄风；而将雄风之遗在当今呈现，是对中国文明的贡献，也是为人类不同文明之间更为深刻的互相理解和世界在现代化中的发展提示参照。

　　人生有一事如此可为，夫复何求？

编　者

2006 年 7 月 25 日

---

[2] 2005年文化部将《中国汉代图像信息综合调查与数据库》项目纳入"国家数据库专项"系统。

编辑体例

《汉画总录》包括编号、图片、图片说明、图像数据、文献目录、索引六部分内容。

1. 编号

为了研究和整理的需要，将现有传世汉画材料统一编号。编号工作归属于一个国家项目协调（《中国汉代图像信息综合调查与数据库》为国家艺术科学"十五"规划项目）。方法是以省、区编号（如陕西 SSX，山西 SX）加市、县或地区编号（如米脂 MZ）再加序列号（三位），同一汉画组合中的部件在序列号之后加横杠，再加序列号（两位）。比如米脂党家沟左门柱，标示为 SSX－MZ－005－01（说明：陕西—米脂—党家沟画像石墓—左门柱）。编号最终只有技术性排序，即首先根据"地点"的拼音缩写的字母排列顺序，在同一地点的根据工作序列号的顺序排序。

地点是以出土地为第一选择，不在原地但仍然有确切信息断定其出土地的，归到出土地编号，并在图片说明中标示其收藏地和版权所有者。如果只能断定其出土地大区（省、区），则在小区（市、县、地区）部分用"××"表示。比如美国密西根大学博物馆藏的出自山东某地，标示为 SD－××－001。如果完全不能断定其出土地点，则以收藏地点缩写编号。

编号完成之后，索引、通检和引证将大为方便。论及某一个形象或画面，只要标注某编号，不仅简明统一，而且可以在《汉画总录》和与此相表里的国家图像数据库（文化部将《中国汉代图像信息综合调查与数据库》项目纳入"国家数据库专项"系统）中根据检索方法立即找到其照片、拓片、线图、相关图像和墓葬的全部信息，以及关于这个对象尽可能全面的全部研究成果，甚至将来还可以检索到古文献和出土文献的相关信息，以及同一类型图像或近似图像的公布、保存和研究情况。

2. 图片

记录汉代画像石、画像砖的图片采取拓片、照片和线图相比照的方式处理。[1] 传统著录汉画的方式是拓片，拓片的特点是原尺寸拓印。同时，拓片制作时存在对图像的取舍和捶拓手工轻重粗精之别，而成为独立于原石的艺术品。拓片不能完整记录墓葬中画像砖石的相互衔接和位置关系，以及墓葬内的建筑信息，无法记录画像石上的墨线和色彩，对于非平面的、凸凹起伏的浮雕类画

---

[1] 由于在《汉画总录》的编辑方针中，将线描用于对图像的解释和补充，线描制作者的观点和认识会有助于读者理解，但也形成了一定的误导和局限，因此在无必要时，将逐步减少线描的数量，而把这个工作留待读者在研究时自行完成。

像砖石，也不能有效地记录其立体造型。不同拓片制作者以及每次制得的拓片都会有差异。使用拓片一个有意无意的后果是拓片代替原石成为研究的起点，影响了对画像石的感受和认知。拓片便利了研究的同时也限制了研究。只是有些画像砖石原件已失，仅存拓片，或者原石残损严重，记录画像砖石的拓片则为一种必要的方法。

照片对画像砖石的记录可以反映原件的质地和刻划方法、浮雕的凸凹起伏，能够记录砖石上的墨线和色彩，是高质量的图像记录中不可缺失的环节。线图可以着重、清晰地描绘物像的造型和轮廓，同时作为一种阐释的方法，可以展示考察、记录研究者对图像的辨识和推证。采取线图、照片、拓片相结合的途径记录画像砖石，可相互取长补短，较为完备。

帛画、壁画和器物纹样一般采用照片和线图。

其他立体图像采用照片、三维计算机图形、平面图和各种推测性的复原图及局部线图。组合图与其他图表的使用，多部组合关系明确的情况，一般会给出组合图加以标明，用线描图呈现。如多部组合而关系不明确的情况下则或缺存疑。其他测绘图、剖面图、平面图以及相关列表等均根据需要，随着录列出，视为一种图解性质的"说明"。[2]

3. 图片说明

图片说明分为两个部分。其一是关于图片的基本信息，归入"4. 图像数据"中说明；其二是对于图像内容的描述。描述古代图像时，基于古今处在不同的观念体系中的这一个基本前提，采取不同方式判定图像。

3.1 尝试还原到当时的概念中给予解释[3]，在此方向下通常有两种途径。

3.1.1 检索古代文献中与图像对应的记载或描述，做出判定。但现存的问题，一是并非所有图像都能在文献中找到相应的记载或解释，即缺乏完备性；二是这种"对应"关系是人为赋予的，

---

[2] 根据编辑需要，在材料和技术允许的情况下，会给出部分组合关系图。由于编辑过程受到各种条件的限制，尽其努力也无法解决全卷缺少部分原石图、拓片、线图的情况，或者极个别原石尺寸不齐的情况，目前保持阙如，待今后在补遗卷中争取弥补。

[3] 任何方式中我们都不可能完全脱离今人的认识结构这一立足点，不可能清除解释过程中"我"的存在，难以避免以今人的观念结构去驾驭古代的概念。完全回到当时当地观念中去只是设想。解释策略决定了解释结果。在第一种方式中，我们的目的不是把自己置换到古人的处境中去体验，而是去认识古人所用概念及其间结构关系。

文献与图像并不存在必然的联系，且不同研究者可能做出不同的判断[4]；三是现存文献只是当时多种版本的一种，民间工匠制作画像石所依据的口述或文字版本未必与经过梳理的传世文献（多为正史、官方记录和知识分子的叙述）相符。

3.1.2 依据出土壁画上的题记、画像砖石上的榜题、器物上的铭文等出土文字材料，对相应图像做出判定，这种方式切近实况，能反映当时当地的用语，但是能找到对应题记的图像只占图像总体的一小部分。

3.2 在缺失文献的情况下，重构一种图像描述的方式——尽量类型化并具有明晰的公认性。如大量出现的独角兽，在尚不确定称其为"兕"还是"獬豸"时，便暂描述为独角兽，尽管现存汉代文献中可能无"独角兽"一词。同时，图像描述采取结构性方式，即先不做局部意义指定，而是在形状—形象—图画—幅面—建筑结构—地下地上关系—墓葬与生宅的关系—存世遗迹和佚失部分（黑箱）之间的关系等关系结构中，判定图像的性质或意义。尽管没有文字信息，图像在画面和墓葬中的位置和形相关系提供了考察其意义和"功能"的线索。

在实际图片说明中，上述两种方式往往并用。对图像的描述是在意识到这些问题的情况下展开的，部分指谓和用语延承了以往的研究，部分使用了新词，但都不代表对图像涵义的最终判定，而只是一种描述。

4. 图像数据

图片的基本信息（诸如编号、尺寸、质地、时代、出土地、收藏地等）实际上是图像数据库的一个简明提示。收入的汉画相关信息通过数据库的方式著录，其中包括画像石编号、拓片号、原石照片编号、原石尺寸[5]、画面尺寸、画面简述、时代、出土时间、征集时间、出土地[6]、收藏地、原收藏号、原石状况（现状）、所属墓葬编号[7]、组合关系、著录文献等项。文字、质地、色彩、制

---

[4] 关于此前题材判定和分类的方法和问题，参见盛磊：《四川汉代画像题材类型问题研究》，北京大学艺术学系99级硕士毕业论文。

[5] 画面尺寸的单位均为厘米，书中不再标识。

[6] 出土与征集的区分以是否经过科学发掘为界，凡经正式发掘（无论考古报告发表与否）均记为出土，凡非正式发掘（即使有明确出土地点和位置）均记为征集。

[7] 所属墓葬因发掘批次和年代各异，故记为发掘时间加当时墓葬编号，如1981M3表示党家沟1981年发掘的第三号墓葬。

作者、订件人、所在位置、相关器物、鉴定意见、发现人中有可著录者，均在备注项中列出。画像石墓表包括墓葬所在地、时代、墓葬所处地理环境、封土情况、发现和清理发掘时间、墓向、墓葬形制、随葬器物、棺椁尸骨、画像石装置、发现人、发掘主持人也在备注项中注出。建立数据库的目的和价值在于对数据库中的所有记录进行检索、比较、统计、分析，以期达到研究的完备性和规范性。[8]

5. 文献目录

  文献目录列出一个区域（指对汉画集中地区的归纳，如陕北、南阳、徐州、四川等，多根据汉画研究的分区，而非严格的行政区划）有关汉画内容的古文献、研究论著和论文索引，并附内容提要。在每件汉画著录中列专项注出其相关研究文献。

6. 索引

  按主题词和关键词建立索引项，待全部工作结束之后，做成总索引。因为《汉画总录》的分卷编辑虽然是按现在保管地区为单位齐头并进，但各种图像材料基本按出土地点各归其所，所以地名部分不出分卷索引，只在总索引中另行编排。

朱青生

北京大学汉画研究所

2006 年 7 月 31 日

---

  [8] 对于存在大量样本和繁杂信息的研究对象，数据库的应用是有效的。在考古类型学中，传统的制表耗费时力，且不便记忆和阅读，细碎的分类常有割裂有机整体之弊。《汉画总录》的设想是：（1）无论已有公论还是存疑的图像，一律不沿用旧有的命名及在此基础上的分类，而按一致的规范和方法记录。（2）扩大图像信息的范畴，全面记录相关要素，包括出土状况（发掘/清理/收集）、发现人、出土时间、出土地点及其所属古代区划、画像材质、尺寸、所属墓葬形制、画像位置、随葬器物及其位置、画像保存状况、铭文、已有断代、画像资料出处、相关图片、相关研究、收藏地等。图像则记录单位图像的位置及其间的组合情况。（3）利用数据库，按不同线索和层次对图像信息进行查询、检索，根据统计结果做出判断。

目　录

前　言

　　《汉画总录》南阳卷是汉画整体著录最重要的组成部分，也是建立中国图像志的关键工作步骤。编辑南阳卷的工作从《汉画总录》25 年规划项目的起初就已列入工作方案。1996 年在北京大学开设的"美术作品分析——汉代图相研究综述"讨论班上，就开始了对南阳汉画研究状况的全面整理。[1] 在汉文古文献全文数据库 [2] 基础上，建立了研究文献数据库，对于每种文献的主题词（根据学科分类设定以便索引）、关键词（根据文献内容揭示以利归类、分析和稽查）和内容提要（提示文献的方法、结论和对其学术贡献的评价），这些数据库保持开放，免费提供学界使用，随时增补纠正，是为此次编辑《汉画总录》的文献基础。2000 年在中国汉画学会年会后，南阳汉画研究专家闪修山先生开始指导南阳卷的编辑调查工作。2006 年北京大学汉画研究所和南阳汉画馆签订了《合作意向书》，首先进行了国家数据库项目"中国汉代图像信息综合调查与数据库"的南阳部分，在南阳汉画馆韩玉祥、凌皆兵两任馆长和徐颖等诸位同人的主导下顺利完成。2012 年国家社科基金重大项目"中国汉代图像数据库与《汉画总录》编撰研究"完成立项并获得国家文物局特别批准，南阳汉画整体著录工作在凌皆兵馆长和王清建、牛天伟等先生的领导下，由南阳汉画馆与北京大学汉画研究所共同完成。参与者工作分工和责任作了划定。《汉画总录》南阳卷的基础数据（原石尺寸、出土地点、保存状况、原始记录和拓片资料等）均由南阳方提供，画面描述由双方共同完成，墓葬位置图、著录文献由北大方完成。

　　此次著录的范围仅限于南阳汉画馆所藏南阳及其诸县出土和征集的画像石，不包括同地区出土和征集的画像砖、器物纹样等其他汉代图像材料。画像石也有三种情况未能收入。其一，此次工作时段无法进行著录的画像石。如部分墓葬已经原址封存或回填保护，需要等待二次发掘（如南阳市中原技校汉画像石墓和邓县长冢店汉画像石墓）；目前工作空间和条件过于艰难，无法获取准确数据（如汉郁平大尹墓）。其二，不藏在南阳汉画馆，而调用到上级博物馆（如在河南省博物院的收藏），依然保存在出土地区的文物保管单位（如方城、唐河、新野等地方博物馆的收藏），其他研究单位的收藏（如南阳师范学院的收藏）以及保存在个人收藏中的画像石。其三，流失于外

---

[1] 详见北京大学艺术学院朱青生教案《02教案 汉代形相研究综述1996》，其中将汉画分区与形相分类思路结合起来，形成对应课题。

[2] 此数据库由海德堡大学瓦格纳（Rudolf G. Wagner）设立课题并资助，由北京大学古文献研究所孙钦善和朱青生率团队设计、操作完成（1995—1997）。

地和国外的南阳画像石，即在南阳调查范围内没有记录，或者在南阳画像石的发现和收集工作中原来有记录，但目前已经无法对证、核实和确认的画像石。此次著录将这三个部分的原始记录尽量放在"附记"中，计划放置在《汉画总录》补遗卷中，与南阳地区的画像砖及其他材质、器物上的图像与纹样一并陆续著录、编辑。

著录方法按《汉画总录》的编辑方案，旧法与新法相结合。

所谓旧法，就是采用拓片、线描和照片进行图像著录，然后再对每一件画像石的图像进行文字描述和记录，并且附以文献和索引各项，详见《编辑体例》。

拓片是传统的著录汉画的方法，历史悠久，也是目前汉画研究所采用的图像资料的主要方法。在这一点上，《汉画总录》决定依旧采用拓片作为记录的方法。但是我们深刻地意识到，拓片是一次复制和印刷的过程。画像石本身是一个浮雕，雕塑经拓印再度展开为平面的"画"已经无法反映其三维造型的全部特征，况且画像石上原来还有颜色（我们认为所有的画像石最初都会着色，这个问题还有待进一步论证）。所以，经过捶拓之后，画像石的面貌发生了根本性的转变，其形象凸出部分和彩色部分变成了黑色，背景和低凹的部分变成了白色，这样一种类似碑帖一样的黑白互相颠倒的拓片形成了"风格"，引发一种对汉画的独特理解，也形成了其"画像"（图画）名称的来源。但是，拓片图像与汉代墓葬中原始图像状况形成了较大的差异，这个差异甚至会导致人们对于汉代艺术的认识，从其精细、丰富、柔和的状态而误导为"苍茫""博大""厚重"的审美印象。这种"主动误取"应该发生在以拓片为主导记录汉画之后，很多人了解和评价汉画，其实并不是根据原石现存的情况，更不是根据复原的汉代墓葬的原始情况，而是根据由拓片形成的印象作出的判断。这个情况在历史上可以与西方希腊雕刻的遭遇相类。希腊雕刻原来全部是彩色的，由于年代久远，所有的颜色脱落之后，恢复了大理石的白色（青铜及其他质料的雕像色彩也已脱落），以至于后代人认为希腊艺术的美感就在于其白色的"圣洁"与"纯粹"，曾被德国学者温克尔曼（Johann Joachim Winckelmann，1717—1768）推崇为"高贵的单纯，静穆的伟大"（edle Einfalt und stille Größe），对希腊艺术的"主动误取"彻底影响了西方古典主义的审美判断和正统的艺术标准。

同时，在这个过程中，捶拓人员主观的认定，使得同一块画像石呈现为有差异的拓片图像。这种拓片图像的差异性，既反映了拓者对图像的辨别和认识，也反映了拓工的技术与审美能力对于手法的选择而造成的某种艺术效果，而这种艺术效果又是至少由宋代以来所形成的对拓片的欣赏和评价传统长期浸染和影响的结果。一方面，拓片由此而变成了一件艺术品，但是另一方面，它又在作为对原始图像的记录方向上带有了主观判断的因素，因此我们认为拓片在汉画研究中不应该再作为主要的图像依据，而应该作为补充依据。特别是由于石质的风化和残损，某些画像石已经无法辨析出细微的线条和痕迹，依靠拓片来清晰地揭示和表达图像内容，在某种意义上还是今天编辑《汉画总录》所必须采用的手段。因此我们在这次画像石的捶拓过程中，坚持所有的石头全部捶拓，并将每块石头的所有面和部件全部包含，而不作图像的选取和剪裁，以此与同件画像石的照片和其他记录方式并列呈现。南阳汉画馆的同人承担了全部的捶拓任务，他们是长期保管和维护画像石的专家，也继承了南阳地区捶拓画像石的特殊风格和技巧，感谢他们在长期艰苦细致的工作中保证了南阳卷的拓片质量。因为上述对拓片特性的认识，我们在著录过程中也对捶拓过程中出现的情况和发生的问题作了清晰的提示。

线描在不具备捶拓技术和不能使用捶拓技术的传统方法中，是著录图像的唯一主导的办法，所以过去的考古学家都要进行素描和绘画训练，其实这种绘画训练主要就是使用"线描"记录图像。但是随着机械摄制时代的来临，现代各种新技术、新观念已经取代了过去使用线描来记录图像的功能。当此之际，线描发生了功能性转换，即从"记录的方法"上升为"分析性办法"，也就是说，今天的任何一位研究图像和器物的专家，掌握线描的能力并不是为了"描绘对象"，而是为了"描述对象"。描述对象是辨别、分析和表述对象的过程，是一种面对图像或者图画进行理性认识的活动。有时是对其进行研究的结果，这种结果不再以文字来比况，而是再度以清晰的方式——"图"来表述认识。所以在《汉画总录》的著录和编辑中，陕北卷全部使用了线描，但是由于著录者无法亲自逐件进行分析和制作，因此这种线描的分析和研究的质量不可能达到"辨别、分析和表述对象的过程"的要求，而"描述对象"的质量尚未达到理想程度的线描，不仅不能增加对图像理解的程度，还可能会误导对图像本身的理解，况且即使是著录者单方面（或个人）的理解，也没有理由优先于用图像作为基本数据的研究者，因此在南阳卷编辑中决定取消每块石头的线描，而增加线描的示意图，也就是说，这时的线描只用简单的边框以表述画面的结构，并且附上编号，以简化文字描述的复杂性，使得画面的位置和结构能够更为清晰地著录。这次对线描使用方法的改变，进一步保障了《汉画总录》的著录尽最大可能将原始数据加以呈现的学术目标。

照相是《汉画总录》所使用的主要方法，毋庸赘言。《汉画总录》照相有两个需要提及的特点：其一，所有的拓片图是在捶拓过程中拓片在原石上未揭下之前拍摄的，这样在拓片的真实性上有了绝对的保证，如果出现问题，也是原件的鉴别问题，拓片与原件是一致的；再者，拓片图保持了浮雕上三维贴切的准确效果，同时又体现了拓片可以清晰呈现画面、文字、细节等技术优势。其二，根据编辑委员会主任周其凤先生的建议，增加了与原石等大的局部图照片。用这个方法可以供使用图像者对原石的大小和质感有一个直观的认识，举一反三。

所谓新法，就是三维扫描和图像的复原、拼合与重组。

三维扫描是近年发展出来的新技术。1995 年《汉画总录》项目建立之初，当时可以使用的世界上最先进的技术是定点拍照、建模拼合，而做到南阳卷的时候，三维扫描技术已经相当成熟。此次南阳卷编辑过程中，部分使用了三维扫描技术。在以后《汉画总录》的各卷编辑中，三维扫描技术将逐步成为必要的组成部分。在《汉画总录》南阳卷的编辑中，三维扫描技术只体现在结构图的辅助作用方面，这就预示着今后的出版和著录将会有进一步革命性的改变。

图像的复原、拼合与重组是在利用扫描、照相、计算机三维建模对著录对象进行记录之后，进一步进行复原、拼合与重组。所谓复原，就是将图像在历史遗传过程中已经损失的部分，利用数据库的全部资料和各种研究成果，对其进行虚拟性复原。这种复原除了要考虑遗存到今天的考古学证据，还要通过形相学将留下的一些痕迹（包括画像石已经被破坏或消失的部分）进行有根据的逐步虚拟复原，以"恢复"和接近研究对象的原始状态。考古学发现的证据理论上是残缺的，现代科学态度既不能对实在的经验证据随意增加主观的臆想和推断，也不能任由一个残缺的证据来论证复杂而整体的世界现象、社会生活和人类精神的历史状况，因此对于这种虚拟组合的精细而谨慎的恢复，是我们进行形相学探讨的重要任务之一。在《汉画总录》南阳卷的工作过程中，我们已经把这一点作为工作的重要指导思想，潜藏在著录理念之中推进和实验。所谓拼合，是指利用计算机建模技术，对已有图像的缺损部分进行拼合，对误置部分进行纠正（比如南阳麒麟岗的一个墓顶石的位置，在当时造墓的过程中就摆放错误，现在就可以在著录过程中加以标明）。所谓重组，则是对于汉画中所隐藏的更为复杂的问题的追索。这在"形相学"中被归纳为"相性"。也就是说，根据中国古代的思维和观念，很多意义并不是由实在的图像与物事所传达，而在于它们之间的关系，这种关系有时互相连接，有时相对、并列或交叉叠置，有时随着固定图像和可移动器物的变化而可产生意义的转移和深入而复杂的表达，甚至隐含着对于现代的中国传统和潜在的制度与心理起关键作用的信息。因此，利用图像的重组就可以将这种信息放到一个计算的程序系统中进行检验和推算，以揭示其深入的部分。

　　画面描述问题是南阳汉画著录的学术重点，如何描述画面实际上是语言和图像发生交集和冲突的焦点之所在，也是"图与词"这样一个在图像学转换（the pictorial turn—W. J. Thomas Mitchell）时代的前沿问题的触点。汉画是个相当典型的个案。纵观对汉画图像的描述的历史，无论是宋代的著录文献，还是当代的研究成果，用于图像描述的术语和专词都会带有不完备性和偶然性。究其原因，皆由于这些术语和专词并不是完全根据图像逻辑建立，也不是完全根据事物的逻辑建立：从词汇选取的角度来看，这些词汇既不是完全根据汉代遗留下来的名称建立，也不是完全根据考古物质材料遗留下来的形象材料建立。但是，这次编辑《汉画总录》南阳卷，在画面描述时所使用的术语和专词，全部来源于南阳研究文献，我们严格地使用这种方法，既是对知识的总结，对建造这个知识系统的他人的贡献示以敬意，也是对今天的知识系统的反省和批判。在福柯（Michel Foucault，1926—1984）开辟的精神领域中，通过不断追究知识的谱系是如何产生的，会发现知识的习惯和缺陷是从哪里来，进而我们才意识到我们所拥有的知识是不尽可靠的。在这种认识的基础上然后再来建立图与词的关系，为进一步推进建立名实关系创造严格论证的可能性。其实我们并不认为我们如此严格规范画面描述的术语和专词，就比别的方法（如直接根据直观、根据习俗或根据古代文献拾取术语和专词）做得更好，从而更能解释图与词之间的关系，正好相反，我们是要指出图与词的关系（以及名实关系）是做不好的，这种矛盾和无奈正是形相学所具有的浮动性。其中还包有"虱轮现象"[3] 和"疑斧现象"[4]。探究词与图的"错位和误导"是如何产生的，解释这样的错误是否出于自然和人性的必然，揭示具有错误才是图与词之间真实的关系，形

---

[3] 取自《列子·汤问》"纪昌学射"："昌以牦悬虱于牖，南面而望之。旬日之间，浸大也。三年之后，如车轮焉。以睹余物，皆丘山也。"指在图像与视觉研究中，观者的注意力会将对象部分强化，将局部细节扩展到覆盖整体的程度，使其意义和解释产生变化和差异，甚至会产生与整体意义完全相反的局部理解。

[4] 取自《列子·说符》"疑邻盗斧"："人有亡斧者，意其邻之子，视其行步，窃斧也；颜色，窃斧也；言语，窃斧也；动作态度，无为而不窃斧也。俄而扣其谷而得其斧，他日复见其邻人之子，动作态度无似窃斧者。"指在图像与视觉研究中，观者会根据自我主观的意向和想象将对象进行无中生有的认定和解释，从而形成完全错误或者随意创造的认识。

相学因而成为对人类知识自我觉悟的推进，这才是汉画著录研究的理论意义之所在。这次南阳汉画的图像描述中使用的每一个术语和专词，都是经过全面、精细的检验之后作出的决定。而最后作出的决定并不是退回到我们所警惕的知识的霸权状态，而是要注意描述画面的术语和专词在产生和使用过程中晃动的可能性和产生讹误的创造意义，为形相学进一步的理论建设确立基础。所以术语和专词全部从南阳汉画的研究文献中录出，有一定的出处和根据。我们的做法清晰地标明此次著录所使用的术语与专词是有严格限制的，这种限制戒除随意、忽视和粗心，是出于经过精心考虑的抉择和在一定规定条件下的选择，并使其选择的结果可以返回到产生知识的渊源，可供验证。

从研究文献中提取得到画面简述所使用的术语与专词有以下三个要点：

1. 这些术语和专词的提取过程是通过阅读六百余篇南阳汉画研究文献后，提取出（几乎）所有的主题词和关键词，然后与之前已经出版的《汉画总录》陕北卷所使用的描述词汇相合并，进行删减，形成初步确定的术语与专词，再将所有术语和专词与南阳汉画馆所有的汉画图像逐一核对检验，最后确定一个《术语和专词表》，在整个编辑过程中严格遵守并不断修订和发展，每种修正先修订术语和专词，再付诸全稿通贯使用。

2. 画面描述完全是按照这些术语和专词来开展的（唯有少数例外），《术语和专词表》清晰地列出，一方面利于支撑整个南阳卷描述的完整和一致性，另一方面也因此形成了检索和查阅的索引项。

3. 此次画面描述所用的术语和专词主要来源，虽然仅限于南阳汉画研究文献和陕北卷曾经使用的词汇，不能反映全部汉画画面描述的整体状况，但是也基本反映了目前学界对南阳汉画的研究水平和真实状态，随着著录工作全面展开，理论上所有的汉画研究文献和所有的汉画图像将会被一一增幅检读，逐渐完成。

南阳卷卷后收录了南阳研究文献的目录，并附有一篇专题论文《南阳汉画画面描述所用的术语与专词》。

南阳汉画著录工作开始较早，在过去艰苦而简陋的条件下，虽有 40 多个完整墓葬的考古报告，但在最新著录工作和总录编辑中，只有 20 多个（最后利用比对、连缀增加了 10 余个）墓葬尚能恢复原始数据，因而存在很多出土地不清楚和局部构件难于拼合的情况，只能在陆续的整理和研究过程中不断解决这些问题，新的研究成果留待今后在学刊《中国汉画研究》中逐步补充发表。《汉画总录》南阳卷的著录方法虽然经过南阳汉画馆同人和北大汉画研究所的徐呈瑞、任楷、刘冠、徐志君、闵坤等以及北京林业大学艺术设计学院的伙伴团队的极大奉献和执行，但是，因为条件、时间有限，还没有将我们所有的著录方法完整实施。当然研究水平是一个逐步提高的过程，而作为一个25年的规划，在这个知识爆炸的四分之一世纪中，我们的著录工作也会与时俱进，《汉画总录》本身将会成为这个进程的发展印迹的"图像"。

朱青生

北京大学汉画研究所

2013 年 10 月 30 日

编　号	HN-NY-1049
时　代	东汉
原收藏号	不详
出土/征集地	南阳市
出土/征集时间	不详
原石尺寸	154×23×29
质　地	石灰石
原石情况	原石为长方体，完整。
组合关系	
画面简述	两端为菱形套连纹，中间渐变为套环。两边可见框，一边为双边框，填刻三角形纹。
著录与文献	
收藏单位	南阳汉画馆

编号	HN-NY-1050
时代	东汉
原收藏号	不详
出土/征集地	南阳市
出土/征集时间	不详
原石尺寸	175×37×27
质地	石灰石
原石情况	原石为长方体，完整。
组合关系	
画面简述	两端为菱形套连纹，中间渐变为套环。两边有框。
著录与文献	
收藏单位	南阳汉画馆

编号　　　　　HN-NY-1051（1）

时代　　　　　东汉

原收藏号　　　不详

出土/征集地　　南阳市

出土/征集时间　不详

原石尺寸　　　76×70×25

质地　　　　　石灰石

原石情况　　　原石为长方体，完整。

组合关系

画面简述　　　正方形凹槽，三边可见框。

著录与文献

收藏单位　　　南阳汉画馆

编号	HN-NY-1051（2）
时代	东汉
原收藏号	不详
出土/征集地	南阳市
出土/征集时间	不详
原石尺寸	25×70×76
质地	石灰石
原石情况	原石为长方体，完整。
组合关系	
画面简述	菱形穿环纹，四周有框。
著录与文献	
收藏单位	南阳汉画馆

编号	HN-NY-1051（3）
时代	东汉
原收藏号	不详
出土/征集地	南阳市
出土/征集时间	不详
原石尺寸	25×70×76
质地	石灰石
原石情况	原石为长方体，完整。
组合关系	
画面简述	菱形穿环纹，三边可见框。
著录与文献	
收藏单位	南阳汉画馆

编号	HN-NY-1051（4）
时代	东汉
原收藏号	不详
出土/征集地	南阳市
出土/征集时间	不详
原石尺寸	25×70×76
质地	石灰石
原石情况	原石为长方体，完整。
组合关系	
画面简述	菱形穿环纹，两边有框。
著录与文献	
收藏单位	南阳汉画馆

编号	HN-NY-1052（1）
时代	东汉
原收藏号	不详
出土/征集地	南阳市
出土/征集时间	不详
原石尺寸	184×30×38
质地	石灰石
原石情况	原石为长方体，完整。
组合关系	
画面简述	中间为菱形纹，两侧为三角形纹。
著录与文献	
收藏单位	南阳汉画馆

编号	HN-NY-1052（2）
时代	东汉
原收藏号	不详
出土/征集地	南阳市
出土/征集时间	不详
原石尺寸	184×38×30
质地	石灰石
原石情况	原石为长方体，完整。
组合关系	
画面简述	菱形套连纹，四周有框。
著录与文献	
收藏单位	南阳汉画馆

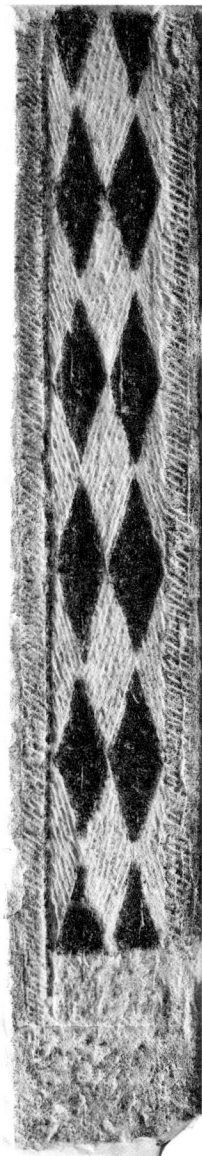

编号	HN-NY-1053
时代	东汉
原收藏号	不详
出土/征集地	南阳市
出土/征集时间	不详
原石尺寸	26×154×35
质地	石灰石
原石情况	原石为长方体，完整。
组合关系	
画面简述	中间为菱形纹，两侧为三角形纹。三边有框。
著录与文献	
收藏单位	南阳汉画馆

编号　　　　　HN-NY-1054

时代　　　　　东汉

原收藏号　　　不详

出土/征集地　　南阳市

出土/征集时间　不详

原石尺寸　　　20×156×40

质地　　　　　石灰石

原石情况　　　原石为长方体，完整。

组合关系

画面简述　　　菱形套连纹，四周有框。

著录与文献

收藏单位　　　南阳汉画馆

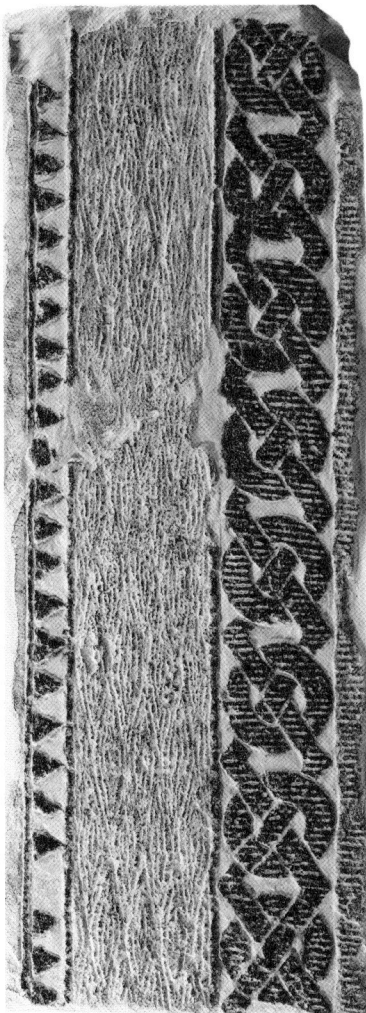

编号	HN-NY-1055
时代	东汉
原收藏号	不详
出土/征集地	南阳市
出土/征集时间	不详
原石尺寸	44×116×31
质地	石灰石
原石情况	原石为长方体，完整。
组合关系	
画面简述	画面分为两层。分别为菱形穿环纹，阴线刻菱形纹，不同纹样间用线隔开。两边有框，一沿双边框内填刻三角形纹。
著录与文献	
收藏单位	南阳汉画馆

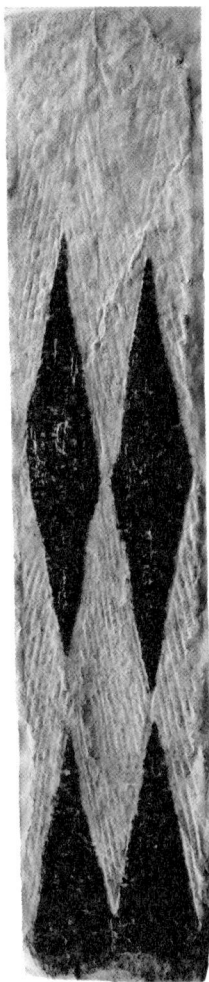

编号	HN-NY-1056（1）
时代	东汉
原收藏号	不详
出土/征集地	南阳市
出土/征集时间	不详
原石尺寸	34×174×27
质地	石灰石
原石情况	原石为长方体，完整。
组合关系	
画面简述	菱形纹。
著录与文献	
收藏单位	南阳汉画馆

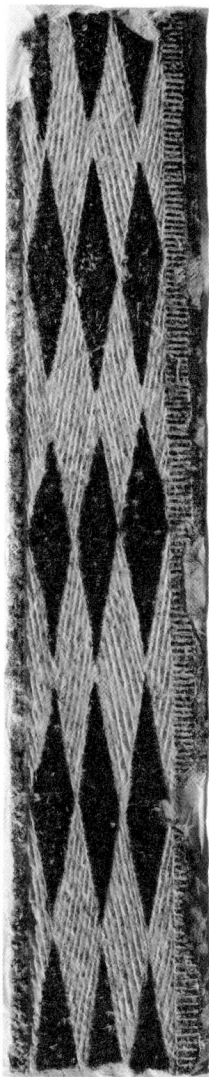

编号	HN-NY-1056（2）
时代	东汉
原收藏号	不详
出土/征集地	南阳市
出土/征集时间	不详
原石尺寸	27×174×34
质地	石灰石
原石情况	原石为长方体，完整。
组合关系	
画面简述	菱形纹，两边有框。
著录与文献	
收藏单位	南阳汉画馆

编　　号	HN-NY-1057
时　　代	东汉
原收藏号	不详
出土/征集地	南阳市
出土/征集时间	不详
原石尺寸	41×193×19
质　　地	石灰石
原石情况	原石为长方体，完整。
组合关系	
画面简述	菱形穿环纹。三边有框，其中两沿为双边框，填刻三角形纹。
著录与文献	
收藏单位	南阳汉画馆

编号	HN-NY-1058
时代	东汉
原收藏号	不详
出土/征集地	南阳市
出土/征集时间	不详
原石尺寸	30×100×30
质地	石灰石
原石情况	原石为长方体，完整。
组合关系	
画面简述	菱形套连纹，两边可见框。
著录与文献	
收藏单位	南阳汉画馆

50

编号	HN-NY-1059
时代	东汉
原收藏号	不详
出土/征集地	南阳市
出土/征集时间	不详
原石尺寸	100×15×32
质地	石灰石
原石情况	原石为长方体，完整。
组合关系	
画面简述	菱形套连纹，三边有框。
著录与文献	
收藏单位	南阳汉画馆

编号	HN-NY-1060
时代	东汉
原收藏号	不详
出土/征集地	南阳市
出土/征集时间	不详
原石尺寸	27×110×6
质地	石灰石
原石情况	原石为长方体，完整。
组合关系	
画面简述	菱形套连纹，四周有框。
著录与文献	
收藏单位	南阳汉画馆

编号	HN-NY-1061
时代	东汉
原收藏号	不详
出土/征集地	南阳市
出土/征集时间	不详
原石尺寸	36×153×36
质地	石灰石
原石情况	原石为长方体，完整。
组合关系	
画面简述	两端为菱形套连纹，中间渐变为套环。四周有框。
著录与文献	
收藏单位	南阳汉画馆

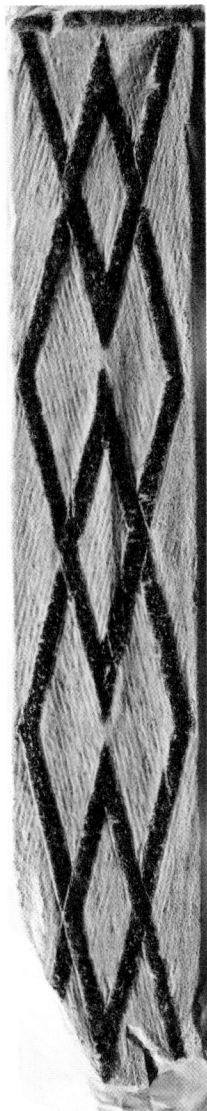

编号	HN-NY-1062
时代	东汉
原收藏号	不详
出土/征集地	南阳市
出土/征集时间	不详
原石尺寸	27×152×35
质地	石灰石
原石情况	原石为长方体，一端残缺。
组合关系	
画面简述	菱形套连纹，一沿可见框。
著录与文献	
收藏单位	南阳汉画馆

编号	HN-NY-1063（1）
时代	东汉
原收藏号	不详
出土/征集地	南阳市
出土/征集时间	不详
原石尺寸	164×33×38
质地	石灰石
原石情况	原石为长方体，完整。
组合关系	门楣石
画面简述	菱形连璧纹，璧中有凹洞。四周有框。
著录与文献	
收藏单位	南阳汉画馆

编号	HN-NY-1063（2）
时代	东汉
原收藏号	不详
出土/征集地	南阳市
出土/征集时间	不详
原石尺寸	164×38×33
质地	石灰石
原石情况	原石为长方体，完整。
组合关系	门楣石
画面简述	画面从左至右为：侍从，戴帻，面部朝向尊者右边器物，伸出脖子，露出双手放在胸前高度，跽坐；尊者，盘坐席上；一方形不明物；一人，头饰漫漶不清，右衽，身躯向前，向身后挥左胳膊，露出左腕，右手持一物作扬臂状，跽坐。画面外左侧有一处不明图像，疑为被覆盖的原先画面残留图像。四周有框。
著录与文献	李陈广、王儒林、崔庆明、刘玉生：《南阳市散存的汉画像石选汇》，载《中原文物》1985 年第 3 期，47 页，图九。
收藏单位	南阳汉画馆

HN-NY-1063（2）局部（与原石等大）

HN-NY-1063〔2〕局部（与原石等大）

编号	HN-NY-1063（3）
时代	东汉
原收藏号	不详
出土/征集地	南阳市
出土/征集时间	不详
原石尺寸	164×38×33
质地	石灰石
原石情况	原石为长方体，完整。
组合关系	门楣石
画面简述	菱形连璧纹。四周有框，其中一沿为双边框。
著录与文献	
收藏单位	南阳汉画馆

编　号	HN-NY-1064
时　代	东汉
原收藏号	不详
出土/征集地	南阳市
出土/征集时间	不详
原石尺寸	33×189×31
质　地	石灰石
原石情况	原石为长方体，中断。
组合关系	
画面简述	菱形套连纹，四周有框。
著录与文献	
收藏单位	南阳汉画馆

编号	HN-NY-1065
时代	东汉
原收藏号	不详
出土/征集地	南阳市
出土/征集时间	不详
原石尺寸	33×128×24
质地	石灰石
原石情况	原石为长方体，一端残缺。
组合关系	
画面简述	两端为菱形套连纹，中间渐变为套环。四周有框，其中三边为双边框。
著录与文献	
收藏单位	南阳汉画馆

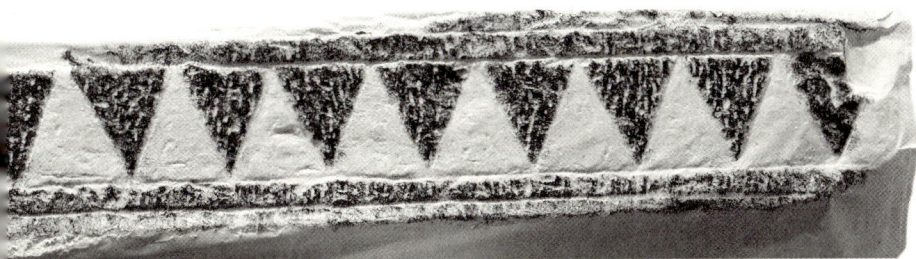

编号	HN-NY-1066
时代	东汉
原收藏号	不详
出土/征集地	南阳市
出土/征集时间	不详
原石尺寸	160×34×32
质地	石灰石
原石情况	原石为长方体，完整。
组合关系	
画面简述	三角形纹，两边有框。
著录与文献	
收藏单位	南阳汉画馆

编号	HN-NY-1067
时代	东汉
原收藏号	不详
出土/征集地	南阳市
出土/征集时间	不详
原石尺寸	30×136×40
质地	石灰石
原石情况	原石为长方体，四周有残缺。
组合关系	
画面简述	菱形套连纹。三边有框，其中一边为双边框，填刻三角形纹。
著录与文献	
收藏单位	南阳汉画馆

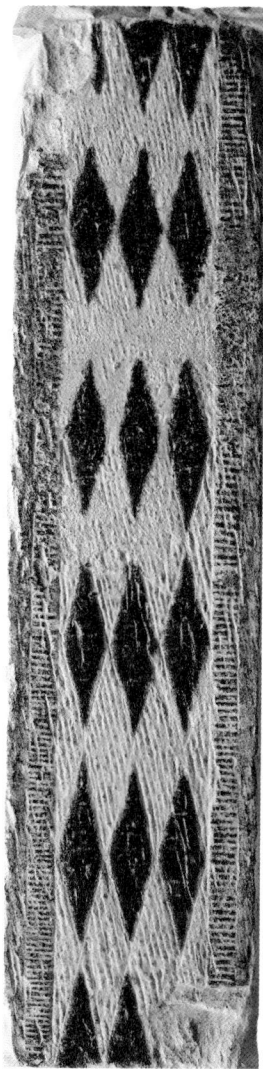

编号	HN-NY-1068
时代	东汉
原收藏号	不详
出土/征集地	南阳市
出土/征集时间	不详
原石尺寸	34×140×30
质地	石灰石
原石情况	原石为长方体，完整。
组合关系	
画面简述	菱形纹，两边有框。
著录与文献	
收藏单位	南阳汉画馆

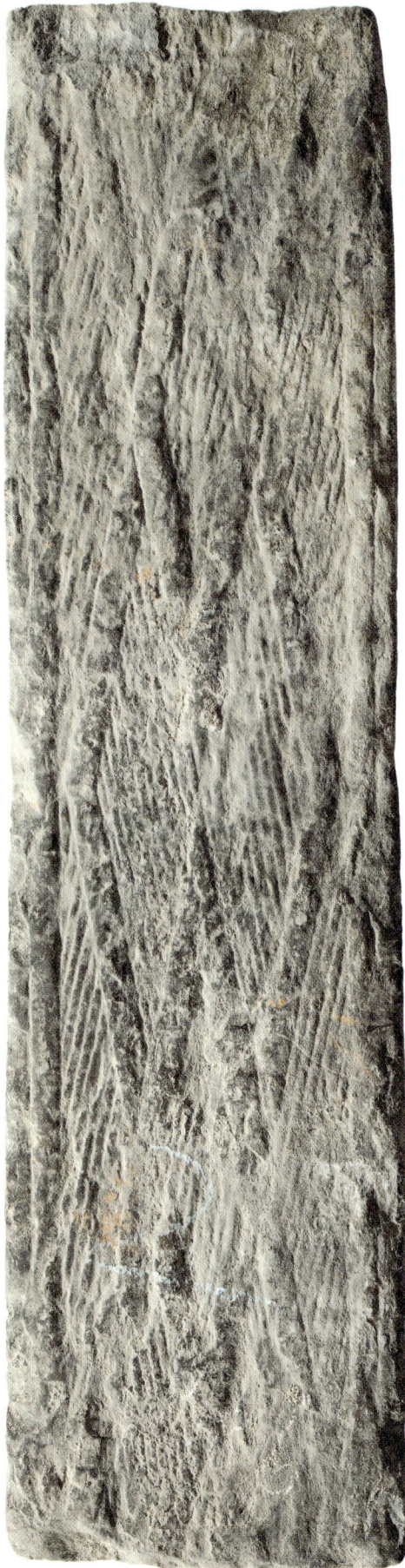

编号	HN-NY-1069（1）
时代	东汉
原收藏号	不详
出土/征集地	南阳市
出土/征集时间	不详
原石尺寸	29×116×33
质地	石灰石
原石情况	原石为长方体，完整。
组合关系	
画面简述	菱形套连纹，四周有框。
著录与文献	
收藏单位	南阳汉画馆

编号	HN-NY-1069（2）
时代	东汉
原收藏号	不详
出土/征集地	南阳市
出土/征集时间	不详
原石尺寸	33×116×29
质地	石灰石
原石情况	原石为长方体，完整。
组合关系	
画面简述	两端为菱形套连纹，中间渐变为套环。四周有框。
著录与文献	
收藏单位	南阳汉画馆

编号	HN-NY-1070
时代	东汉
原收藏号	不详
出土/征集地	南阳市
出土/征集时间	不详
原石尺寸	81×23×7
质地	石灰石
原石情况	原石为长方体,完整。
组合关系	
画面简述	独角有翼兽（兕），两沿可见框。
著录与文献	
收藏单位	南阳汉画馆

编号	HN-NY-1071
时代	东汉
原收藏号	不详
出土/征集地	南阳市
出土/征集时间	不详
原石尺寸	35×175×34
质地	石灰石
原石情况	原石为长方体，完整。
组合关系	
画面简述	菱形纹，三角形纹。
著录与文献	
收藏单位	南阳汉画馆

编号	HN-NY-1072
时代	东汉
原收藏号	不详
出土/征集地	南阳市
出土/征集时间	不详
原石尺寸	36×161×34
质地	石灰石
原石情况	原石为长方体，完整。
组合关系	
画面简述	菱形穿环纹，四周有框。
著录与文献	
收藏单位	南阳汉画馆

编号	HN-NY-1073
时代	东汉
原收藏号	不详
出土/征集地	南阳市
出土/征集时间	不详
原石尺寸	43×107×28
质地	石灰石
原石情况	原石为长方体，完整。
组合关系	
画面简述	菱形穿环纹，三边有框。
著录与文献	
收藏单位	南阳汉画馆

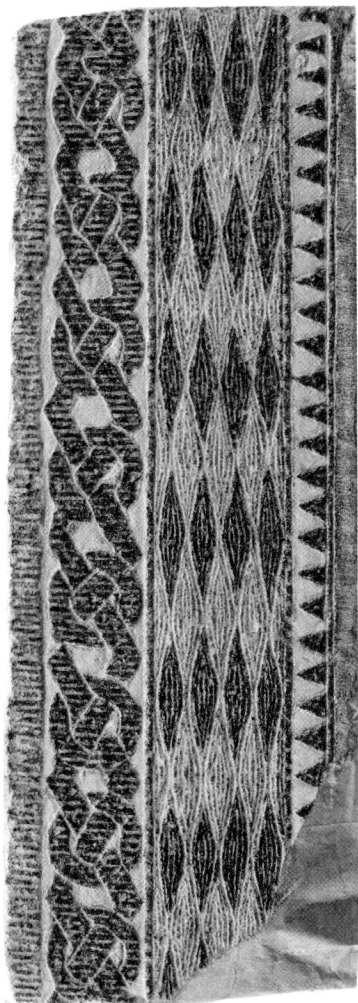

编号	HN-NY-1074
时代	东汉
原收藏号	不详
出土/征集地	南阳市
出土/征集时间	不详
原石尺寸	44×121×31
质地	石灰石
原石情况	原石为长方体，一端残缺。
组合关系	
画面简述	画面分为两层。分别为菱形穿环纹，阴线刻菱形纹，不同纹样间用线隔开。两边有框，一沿为双边框，填刻三角形纹。
著录与文献	
收藏单位	南阳汉画馆

编号	HN-NY-1075（1）
时代	东汉
原收藏号	不详
出土/征集地	南阳市
出土/征集时间	不详
原石尺寸	30×123×18
质地	石灰石
原石情况	原石为长方体，完整，画面磨损严重。
组合关系	
画面简述	门吏戴冠，身着过膝长袍，袍下施缘，下露裤。画面漫漶不清。上有双环套连。四周有框。
著录与文献	
收藏单位	南阳汉画馆

94

编号　HN-NY-1075（2）

时代　东汉

原收藏号　不详

出土/征集地　南阳市

出土/征集时间　不详

原石尺寸　18×123×30

质地　石灰石

原石情况　原石为长方体，完整，画面磨损严重。

组合关系

画面简述　菱形套连纹，四周有框。

著录与文献

收藏单位　南阳汉画馆

编号　　　　　HN-NY-1075（3）
时代　　　　　东汉
原收藏号　　　不详
出土/征集地　　南阳市
出土/征集时间　不详
原石尺寸　　　18×123×30
质地　　　　　石灰石
原石情况　　　原石为长方体，完整，画面磨损严重。
组合关系
画面简述　　　菱形套连纹，四周有框。
著录与文献
收藏单位　　　南阳汉画馆

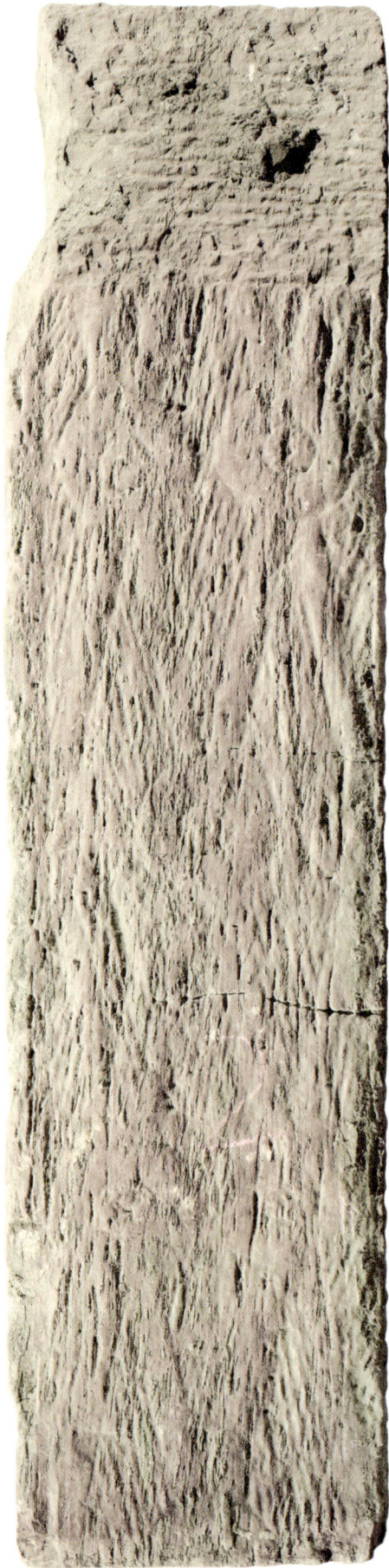

编号	HN-NY-1076（1）
时代	东汉
原收藏号	不详
出土/征集地	南阳市
出土/征集时间	不详
原石尺寸	35×149×32
质地	石灰石
原石情况	原石为长方体，完整。
组合关系	
画面简述	菱形连璧纹，一沿有框。
著录与文献	
收藏单位	南阳汉画馆

编号	HN-NY-1076（2）
时代	东汉
原收藏号	不详
出土/征集地	南阳市
出土/征集时间	不详
原石尺寸	35×149×32
质地	石灰石
原石情况	原石为长方体，完整。
组合关系	
画面简述	菱形连璧纹，一沿有框。
著录与文献	
收藏单位	南阳汉画馆

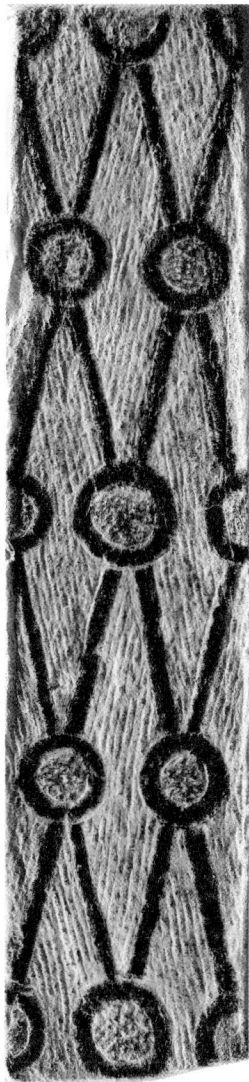

编号	HN-NY-1077（1）
时代	东汉
原收藏号	不详
出土/征集地	南阳市
出土/征集时间	不详
原石尺寸	35×114×43
质地	石灰石
原石情况	原石为长方体，完整。
组合关系	
画面简述	菱形连璧纹。
著录与文献	
收藏单位	南阳汉画馆

编号	HN-NY-1077（2）
时代	东汉
原收藏号	不详
出土/征集地	南阳市
出土/征集时间	不详
原石尺寸	35×114×43
质地	石灰石
原石情况	原石为长方体，完整。
组合关系	
画面简述	菱形连璧纹。
著录与文献	
收藏单位	南阳汉画馆

编号	HN-NY-1078
时代	东汉
原收藏号	不详
出土/征集地	南阳市
出土/征集时间	不详
原石尺寸	35×184×34
质地	石灰石
原石情况	原石为长方体，一侧残缺。
组合关系	
画面简述	菱形纹。两边有框，一沿为双边框，填刻三角形纹。
著录与文献	
收藏单位	南阳汉画馆

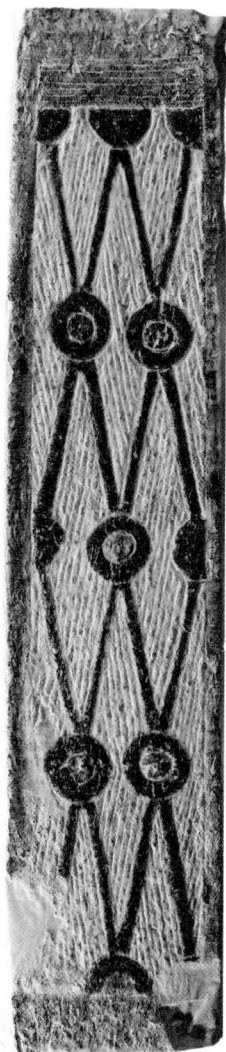

编号	HN-NY-1079（1）
时代	东汉
原收藏号	不详
出土/征集地	南阳市
出土/征集时间	不详
原石尺寸	38×194×36
质地	石灰石
原石情况	原石为长方体，完整。
组合关系	
画面简述	菱形连璧纹，四周有框。
著录与文献	
收藏单位	南阳汉画馆

编号	HN-NY-1079（2）
时代	东汉
原收藏号	不详
出土/征集地	南阳市
出土/征集时间	不详
原石尺寸	38×194×36
质地	石灰石
原石情况	原石为长方体，完整。
组合关系	
画面简述	菱形连璧纹，四周有框。
著录与文献	
收藏单位	南阳汉画馆

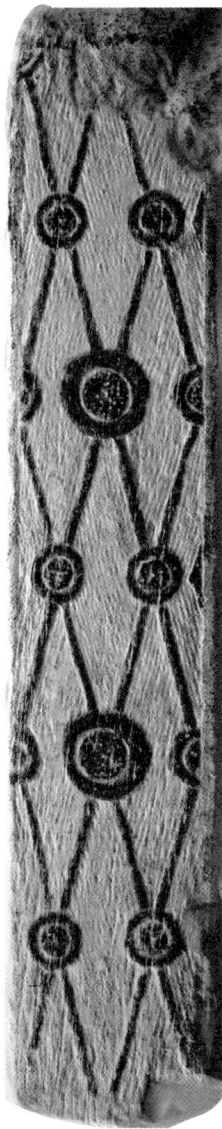

编号	HN-NY-1080（1）
时代	东汉
原收藏号	不详
出土/征集地	南阳市
出土/征集时间	不详
原石尺寸	34×167×42
质地	石灰石
原石情况	原石为长方体，完整。
组合关系	
画面简述	菱形连璧纹，中间两璧较大。三边可见框。
著录与文献	
收藏单位	南阳汉画馆

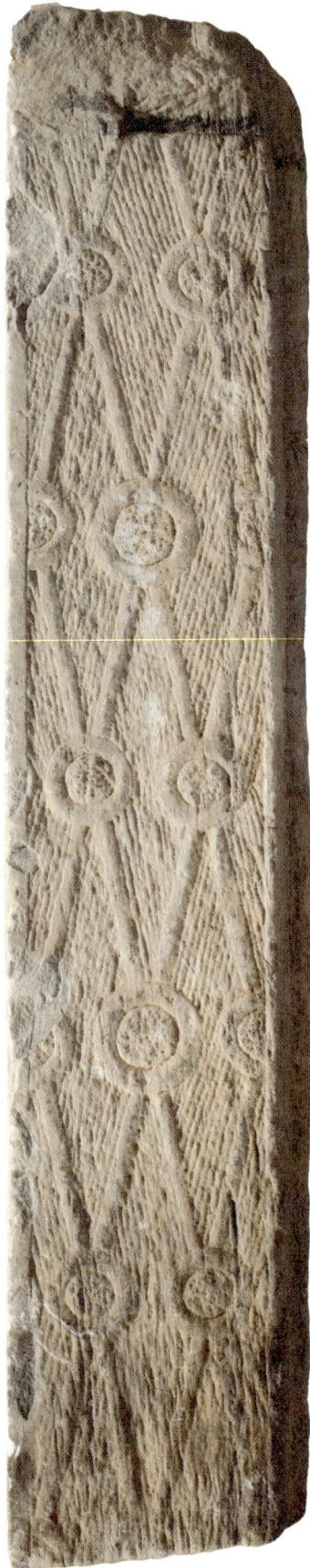

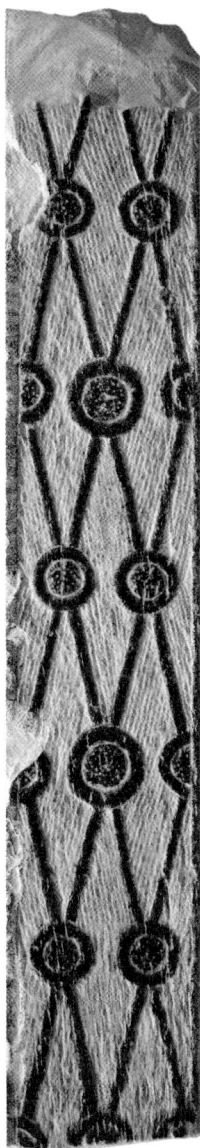

编号	HN-NY-1080（2）
时代	东汉
原收藏号	不详
出土/征集地	南阳市
出土/征集时间	不详
原石尺寸	34×167×40
质地	石灰石
原石情况	原石为长方体，完整。
组合关系	
画面简述	菱形连璧纹，璧中间刻麻点。两边可见框。
著录与文献	
收藏单位	南阳汉画馆

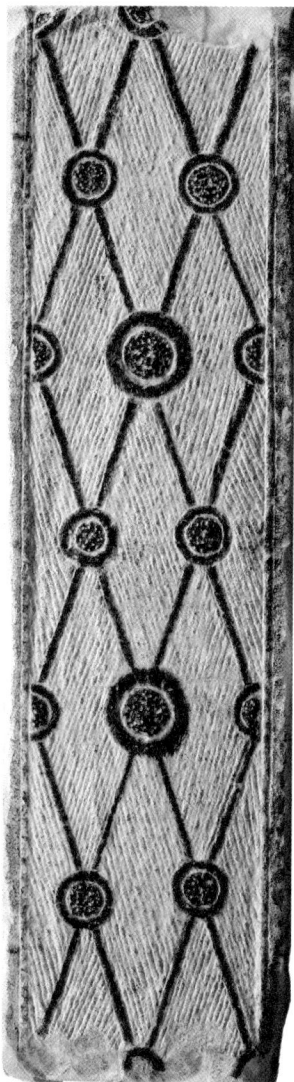

编号	HN-NY-1081（1）
时代	东汉
原收藏号	不详
出土/征集地	南阳市
出土/征集时间	不详
原石尺寸	42×160×33
质地	石灰石
原石情况	原石为长方体，完整。
组合关系	
画面简述	菱形连璧纹，中间两璧较大。两边有框。
著录与文献	
收藏单位	南阳汉画馆

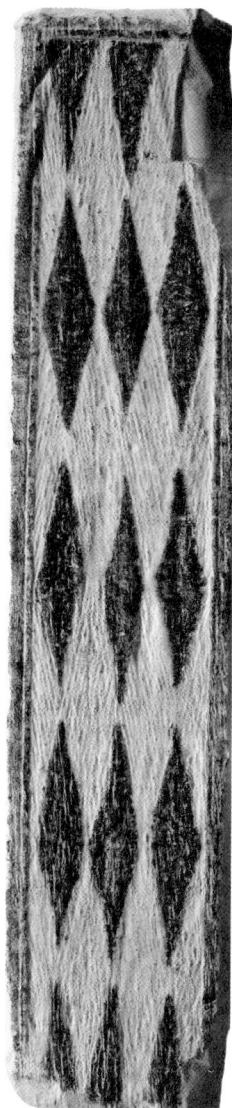

编号	HN-NY-1081（2）
时代	东汉
原收藏号	不详
出土/征集地	南阳市
出土/征集时间	不详
原石尺寸	33×160×42
质地	石灰石
原石情况	原石为长方体，完整。
组合关系	
画面简述	菱形纹，三边有框。
著录与文献	
收藏单位	南阳汉画馆

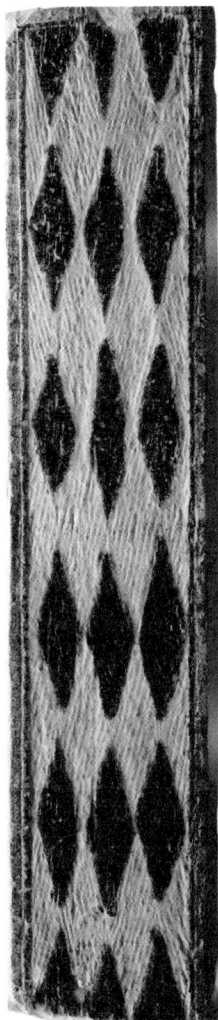

编号	HN-NY-1081（3）
时代	东汉
原收藏号	不详
出土/征集地	南阳市
出土/征集时间	不详
原石尺寸	33×160×42
质地	石灰石
原石情况	原石为长方体，完整。
组合关系	
画面简述	菱形纹，三边有框。
著录与文献	
收藏单位	南阳汉画馆

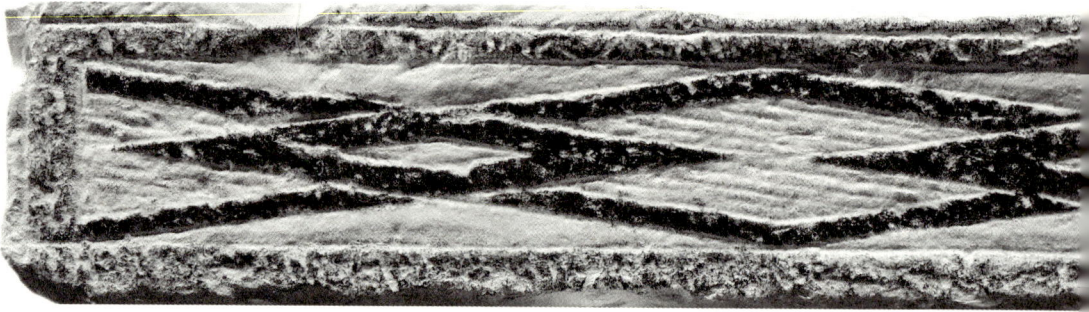

编号　　　　　HN-NY-1083

时代　　　　　东汉

原收藏号　　　不详

出土/征集地　　南阳市

出土/征集时间　不详

原石尺寸　　　40×152×25

质地　　　　　石灰石

原石情况　　　原石为长方体，一端残缺。

组合关系

画面简述　　　菱形穿环纹。两边有框，一沿为双边框

著录与文献

收藏单位　　　南阳汉画馆

编号　　　　　HN-NY-1082

时代　　　　　东汉

原收藏号　　　不详

出土/征集地　　南阳市

出土/征集时间　不详

原石尺寸　　　139×18×34

质地　　　　　石灰石

原石情况　　　原石为长方体，完整。

组合关系

画面简述　　　菱形套连纹，四周有框。

著录与文献

收藏单位　　　南阳汉画馆

编号	HN-NY-1084
时代	东汉
原收藏号	不详
出土/征集地	南阳市
出土/征集时间	不详
原石尺寸	37×264×29
质地	石灰石
原石情况	原石为长方体,完整。
组合关系	
画面简述	画面分为两层,分别为菱形纹和三角形纹。一沿有框。
著录与文献	
收藏单位	南阳汉画馆

编号	HN-NY-1085
时代	东汉
原收藏号	不详
出土/征集地	南阳市
出土/征集时间	不详
原石尺寸	35×144×21
质地	石灰石
原石情况	原石为长方体，完整。
组合关系	
画面简述	两端为菱形套连纹，中间渐变为套环。四周有框。
著录与文献	
收藏单位	南阳汉画馆

编号	HN-NY-1086
时代	东汉
原收藏号	不详
出土/征集地	南阳市
出土/征集时间	不详
原石尺寸	38×143×26
质地	石灰石
原石情况	原石为长方体，完整。
组合关系	
画面简述	两端为菱形套连纹，中间渐变为套环。两侧有框。
著录与文献	
收藏单位	南阳汉画馆

编号	HN-NY-1087
时代	东汉
原收藏号	不详
出土/征集地	南阳市
出土/征集时间	不详
原石尺寸	31×116×29
质地	石灰石
原石情况	原石为长方体，四周有残缺。
组合关系	
画面简述	菱形套连纹，一侧渐变为套环。三边有双边框。
著录与文献	
收藏单位	南阳汉画馆

编号	HN-NY-1088
时代	东汉
原收藏号	不详
出土/征集地	南阳市
出土/征集时间	不详
原石尺寸	28×152×28
质地	石灰石
原石情况	原石为长方体，完整。
组合关系	
画面简述	菱形套连纹。四周有框，其中一沿为双边框。
著录与文献	
收藏单位	南阳汉画馆

编号	HN-NY-1089（1）
时代	东汉
原收藏号	不详
出土/征集地	南阳市
出土/征集时间	不详
原石尺寸	27×106×33
质地	石灰石
原石情况	原石为长方体，完整。
组合关系	
画面简述	菱形套连纹，四周有框。
著录与文献	
收藏单位	南阳汉画馆

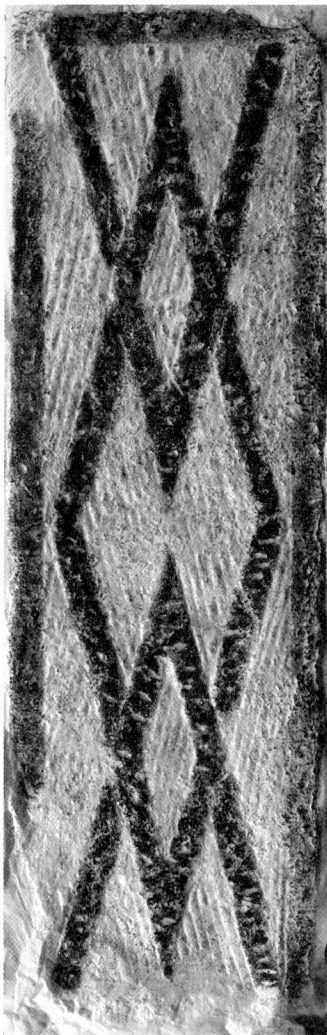

编号	HN-NY-1089（2）
时代	东汉
原收藏号	不详
出土/征集地	南阳市
出土/征集时间	不详
原石尺寸	33×106×27
质地	石灰石
原石情况	原石为长方体，完整。
组合关系	
画面简述	菱形套连纹，三边可见框。
著录与文献	
收藏单位	南阳汉画馆

编号	HN-NY-1089（3）
时代	东汉
原收藏号	不详
出土/征集地	南阳市
出土/征集时间	不详
原石尺寸	33×106×27
质地	石灰石
原石情况	原石为长方体，完整。
组合关系	
画面简述	菱形套连纹，四周有框。
著录与文献	
收藏单位	南阳汉画馆

编号	HN-NY-1090
时代	东汉
原收藏号	不详
出土/征集地	南阳市
出土/征集时间	不详
原石尺寸	24×118×33
质地	石灰石
原石情况	原石为长方体，一端残缺。
组合关系	
画面简述	菱形套连纹。三边可见框。
著录与文献	
收藏单位	南阳汉画馆

编号	HN-NY-1091
时代	东汉
原收藏号	不详
出土/征集地	南阳市
出土/征集时间	不详
原石尺寸	28×122×10
质地	石灰石
原石情况	原石为长方体，完整。
组合关系	
画面简述	菱形套连纹。
著录与文献	
收藏单位	南阳汉画馆

编号	HN-NY-1092
时代	东汉
原收藏号	不详
出土/征集地	南阳市
出土/征集时间	不详
原石尺寸	23×110×10
质地	石灰石
原石情况	原石为长方体，完整。
组合关系	
画面简述	菱形套连纹。四周有框，一沿为双边框，填刻斜条纹。
著录与文献	
收藏单位	南阳汉画馆

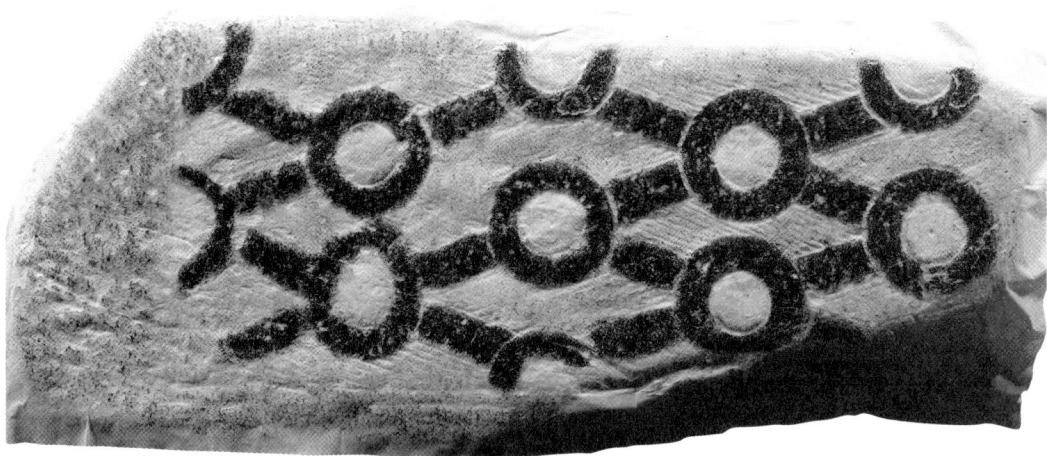

编号	HN-NY-1093
时代	东汉
原收藏号	不详
出土/征集地	南阳市
出土/征集时间	不详
原石尺寸	110×44×24
质地	石灰石
原石情况	原石为长方体，四周有残缺。
组合关系	
画面简述	菱形连环纹。
著录与文献	
收藏单位	南阳汉画馆

编号	HN-NY-1094
时代	东汉
原收藏号	不详
出土/征集地	南阳市
出土/征集时间	不详
原石尺寸	24×150×34
质地	石灰石
原石情况	原石为长方体，完整。
组合关系	
画面简述	菱形套连纹。四周有框。
著录与文献	
收藏单位	南阳汉画馆

编号	HN-NY-1095
时代	东汉
原收藏号	不详
出土/征集地	南阳市环城乡北关大队十二小队桥上
出土/征集时间	不详
原石尺寸	125×30×27
质地	石灰石
原石情况	原石为长方体，画面漫漶不清。
组合关系	
画面简述	龙，回首反咬其身。四周有框。
著录与文献	
收藏单位	南阳汉画馆

南阳汉画遗痕补编

　　南阳画像的最早著录以关百益《南阳汉画象集》（1930 年初版）为最早，收图 41 帧，前有关先生自序，后有何日章跋。之后，孙文青《南阳汉画象汇存》（1937 年版）收图 145 帧，由哈佛燕京学社资助印行，前有孙先生自序和作者另一篇论文《南阳草店汉画象序》，后有商承祚跋。孙文青所取为关百益之所遗，故雷同者一二而已，二书相合可见早期南阳汉画之面貌。此外，尚有其他著录存世。月换星移，在本次南阳汉画著录中诸多画像石仅剩遗痕，现仅将孙氏著录中 54 帧原石不存南阳汉画馆者影印收入，以备查考。其他著录中的同等情况，在《汉画总录》南阳卷补遗卷中将陆续收录。

编　者

第三圖

石長一一〇、五公分寬六八、六公分存南陽城北三十里
紫山朱王橋上殆為墓祠壁石左側刻人首龍身象右下
方刻一龍張口向圓球球內飾蟾蜍殆玄武也在龍體間
綴以星六殆其墓地應值之星象

编号　　　HN-NY-1096

著录与文献　关百益：《南阳汉画象集》，上海：中华书局，1930年，第廿六图；孙文青：《南阳汉画象汇存》，
　　　　　　南京：金陵大学中国文化研究所，1937年，第三图。

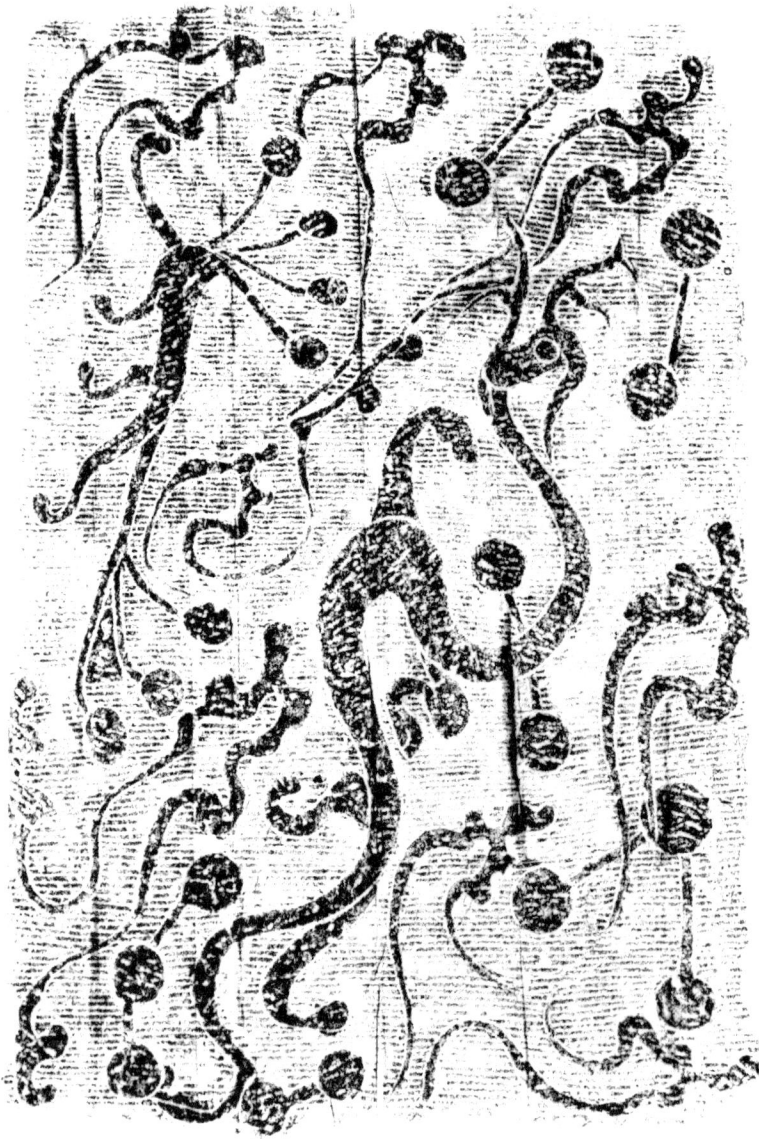

第五圖　石橫長一三五公分寬八九、四公分存南陽隴西寨亦祠壁石上刻龍一緻星十四繞以雲氣左下刻獸一四足三尾綴四星為首尾端各繫一星

编号　HN-NY-1097

著录与文献　孙文青：《南阳汉画象汇存》，南京：金陵大学中国文化研究所，1937 年，第五图；文物图像研究室汉代拓本整理小组：《“中央研究院”历史语言研究所藏汉代石刻画象拓本目录》，台北："中央研究院" 历史语言研究所，2002 年，162 页，图 528。

第六圖　石横长一二四五公分宽五八四公分石在南陽某地始
為墓祠壁石刻虎左向綴星九綫以雲氣

编号　　　　HN-NY-1098

著录与文献　孙文青：《南阳汉画象汇存》，南京：金陵大学中国文化研究所，1937年，第六图；Florence Ayscough, *An Uncommon Aspect of Han Sculpture: Figures from Nan-yang, Monumenta Serica,* Vol. 4, No. 1（1939），pp. 334-344, Pl.XV.a；南阳汉代画像石编委会编《南阳汉代画像石》，北京：文物出版社，1985年，图529；文物图像研究室汉代拓本整理小组：《"中央研究院"历史语言研究所藏汉代石刻画象拓本目录》，台北："中央研究院"历史语言研究所，2002年，166页，图543。

收藏单位　　河南博物院

第九圖 楣石刻龍一張口露齒狀有兩翼左向

石橫長一二四公分寬三四公分存南陽水樊店殆為墓

編号　HN-NY-1099

著录与文献　孙文青：《南阳汉画象汇存》，南京：金陵大学中国文化研究所，1937 年，第九图。

第一〇圖　石長一〇一公分寬四八公分存南陽東關七孔橋殆
為墓祠壁石刻飛龍作回首右向狀有鬚角鱗翼繞以
雲氣

编号　　　　HN-NY-1100

著录与文献　孙文青：《南阳汉画象汇存》，南京：金陵大学中国文化研究所，1937 年，第一〇图。

第一一一圖 楣石刻遊龍張口吞魚狀左向

石長一三五公分寬三四公分 石在南陽某地殆為墓

編号　HN-NY-1101

著录与文献　孙文青:《南阳汉画象汇存》,南京:金陵大学中国文化研究所,1937 年,第一一一图;北京鲁迅博物馆、上海鲁迅纪念馆编《鲁迅藏汉画象(一)》,上海:上海人民美术出版社,1986 年,图一一六;文物图像研究室汉代拓本整理小组:《"中央研究院"历史语言研究所藏汉代石刻画象拓本目录》,台北:"中央研究院"历史语言研究所,2002 年,163 页,图533。

第一二图　石长九八公分宽三四、六公分存南阳东南栗河桥上

殆为墓楣石刻游龙吞鱼状左向

编号　　　HN-NY-1102

著录与文献　孙文青：《南阳汉画象汇存》，南京：金陵大学中国文化研究所，1937 年，第一二图。

第一四圖 殘石長一〇二公分寬三四公分存南陽東南栗河橋上殆為墓楯石右刻瓜蔓左刻人首龍身象右向

編号　　　HN-NY-1103

著录与文献　孙文青：《南阳汉画象汇存》，南京：金陵大学中国文化研究所，1937 年，第一四图；北京鲁迅博物馆、上海鲁迅纪念馆编《鲁迅藏汉画象（一）》，上海：上海人民美术出版社，1986 年，图七三；文物图像研究室汉代拓本整理小组：《"中央研究院"历史语言研究所藏汉代石刻画象拓本目录》，台北："中央研究院"历史语言研究所，2002 年，181 页，图 595。

第二五圖　石長七七·五公分寬三三公分存南陽隴西寨殆為基石刻回首卧鹿後有樹如靈芝石向

编号　HN-NY-1104

著录与文献　孙文青：《南阳汉画象汇存》，南京：金陵大学中国文化研究所，1937 年，第二五图；文物图像研究室汉代拓本整理小组：《"中央研究院"历史语言研究所藏汉代石刻画象拓本目录》，台北："中央研究院"历史语言研究所，2002 年，196 页，图 642。

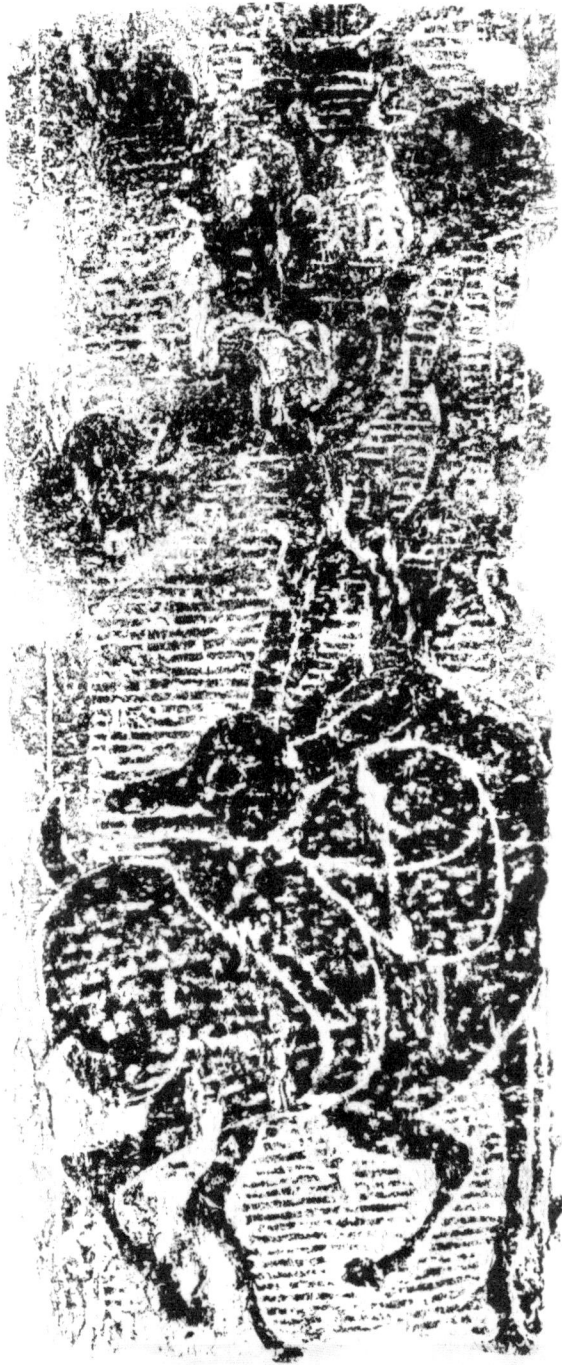

第二六圖 石長七四·三公分寬三三·三公分存南陽隴西寨殆為其石刻回首立鹿後有樹如芝芝左向

編号　HN-NY-1105

著录与文献　孙文青:《南阳汉画象汇存》, 南京:金陵大学中国文化研究所, 1937年, 第二六图。

第二七圖　殘石長七〇公分寬三六·二公分存南陽西門内查家磨坊轤槽下殆為墓門石上刻半環下刻坐犬回首右向

编号　　　HN-NY-1106

著录与文献　孙文青：《南阳汉画象汇存》，南京：金陵大学中国文化研究所，1937年，第二七图。

第二八圖 石長七二·四公分寬三五·五公分存桐河祖師廟始為基石刻一長臂尾猿有角坐而右向

编号　HN-NY-1107

著录与文献　孙文青：《南阳汉画象汇存》，南京：金陵大学中国文化研究所，1937年，第二八图。

166

第三五圖　石横長一一四三公分寛三三三公分存南陽玄妙觀

花園始為墓楣石刻兩獸左如龍右如牛作俯首以角

抵龍形左向石上層有闌

编号　HN-NY-1108

著录与文献　孙文青：《南阳汉画象汇存》，南京：金陵大学中国文化研究所，1937 年，第三五图。

第三六圖 石橫長一三六公分寬三四公分存南陽東南冉營始為墓楣石左刻彄角長尾猱逐龍龍有翼作回首狀石向上下有鍥

編号　　HN-NY-1109

著录与文献　孙文青:《南阳汉画象汇存》,南京:金陵大学中国文化研究所,1937年,第三六图;北京鲁迅博物馆、
　　　　　　上海鲁迅纪念馆编《鲁迅藏汉画象 (一)》,上海:上海人民美术出版社,1986年,图一二七;
　　　　　　文物图像研究室汉代拓本整理小组:《"中央研究院"历史语言研究所藏汉代石刻画象拓本目录》,
　　　　　　台北:"中央研究院"历史语言研究所,2002年,182页,图597。

第四一圖 石横长一七二公分宽三〇·五公分石在南陽某地殆为墓楣石中坐一獸口中銜物與右獸相鬥左獸奔至作共爭之狀

编号　HN-NY-1110

著录与文献　孙文青：《南阳汉画象汇存》，南京：金陵大学中国文化研究所，1937 年，第四一图；文物图像研究室汉代拓本整理小组：《"中央研究院"历史语言研究所藏汉代石刻画象拓本目录》，台北："中央研究院"历史语言研究所，2002 年，191 页，图 627。

第四二圖　殘石長一三六公分寬三四三公分存南陽東南桐河
鎮殆為墓楣石刻四獸或有角或無角左向行互衝前
尾如北山經所稱之諸犍上有闌

编号　HN-NY-1111

著录与文献　孙文青：《南阳汉画象汇存》，南京：金陵大学中国文化研究所，1937 年，第四二图。

第四三圖
残石長九二•七公分寬三一•九公分存南陽東北靈龜
舖殆為墓椁石多残泐僅存小獸四五有獸如兔或俯
或仰或馳或立如戲之形

编号　　　HN-NY-1112

著录与文献　孙文青：《南阳汉画象汇存》，南京：金陵大学中国文化研究所，1937年，第四三图。

第五〇圖 石長一一七公分寬三三·四公分存南陽東北新店南
門外小南莊為墓門上扇正面上刻樹一株中刻象左
向下刻鋪首獸首銜環

编号　　　HN-NY-1113

著录与文献　孙文青：《南阳汉画象汇存》，南京：金陵大学中国文化研究所，1937 年，第五〇图；文物图像
研究室汉代拓本整理小组：《"中央研究院"历史语言研究所藏汉代石刻画象拓本目录》，台北："中
央研究院"历史语言研究所，2002 年，161 页，图 526。

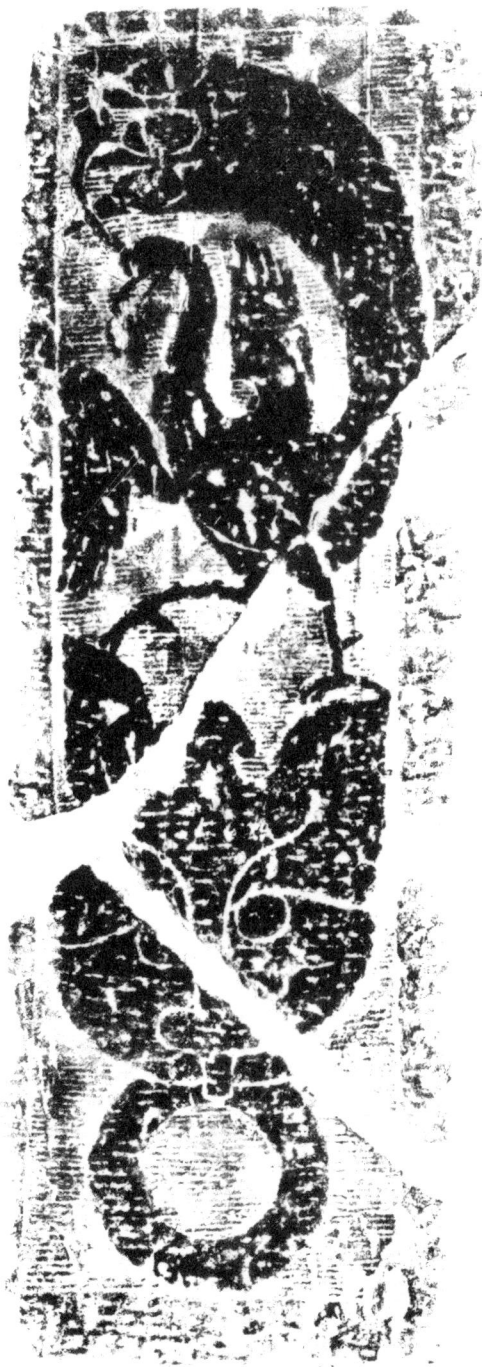

第五一圖　石長一二三、七公分寬四〇、六公分存南陽西關白菓園為墓門上扇正面上刻鳳作欲鈤狀左向下刻鋪首作獸首銜環石斷為三

编号　　　　HN-NY-1114

著录与文献　孙文青：《南阳汉画象汇存》，南京：金陵大学中国文化研究所，1937 年，第五一图。

第五八圖 石長一〇九.二公分寬三三公分存南陽辛店北能营
殆為墓柱石刻人身龍體石立象左手張盖

编号　　HN-NY-1115

著录与文献　　孙文青：《南阳汉画象汇存》，南京：金陵大学中国文化研究所，1937 年，第五八图。

第六二图　石长九九八公分宽二六七公分存南阳隆西寨殆为墓柱石刻人身龙體蛇尾正立象拱手持物如张盖

编号　　　　HN-NY-1116

著录与文献　孙文青：《南阳汉画象汇存》，南京：金陵大学中国文化研究所，1937 年，第六二图；文物图像研究室汉代拓本整理小组：《"中央研究院"历史语言研究所藏汉代石刻画象拓本目录》，台北："中央研究院"历史语言研究所，2002 年，162 页，图 529。

第六四圖 石長一〇八、三公分寬三三、二公分存南陽城內四隅
口路東殆為墓柱石已剝蝕審其形如第六二圖

編号　　HN-NY-1117

著录与文献　孙文青：《南阳汉画象汇存》，南京：金陵大学中国文化研究所，1937 年，第六四图。

第六九圖　石長七六·二公分寬二七公分存南陽城北阮堂殆為

礎石刻一女子修體垂手左立象

編号　HN-NY-1118

著录与文献　孙文青:《南阳汉画象汇存》,南京:金陵大学中国文化研究所,1937 年,第六九图;北京鲁迅博物馆、
上海鲁迅纪念馆编《鲁迅藏汉画象（一）》,上海：上海人民美术出版社，1986 年，图四二；文
物图像研究室汉代拓本整理小组：《"中央研究院"历史语言研究所藏汉代石刻画象拓本目录》,
台北："中央研究院"历史语言研究所，2002 年，161 页，图 524。

第七一圖　石長一一四、四公分寬二〇、三公分石在南陽某地殆

為墓柱石刻一長身人左手執物如炬左立象

編号　　　HN-NY-1119

著录与文献　孙文青：《南阳汉画象汇存》，南京：金陵大学中国文化研究所，1937 年，第七一图；北京鲁迅博物馆、
　　　　　　上海鲁迅纪念馆编《鲁迅藏汉画象（一）》，上海：上海人民美术出版社，1986 年，图一九。

第七二圖　石長一二九·五公分寬二○·三公分存南陽城北豆腐店殆為墓柱石上刻一鳥石向下刻一長身石立象

編号　　　HN-NY-1120

著录与文献　孙文青：《南阳汉画象汇存》，南京：金陵大学中国文化研究所，1937 年，第七二图；文物图像研究室汉代拓本整理小组：《"中央研究院"历史语言研究所藏汉代石刻画象拓本目录》，台北："中央研究院"历史语言研究所，2002 年，163 页，图 535。

第七四圖 石刻正面拱立象左有物如炬状

石長八六·二公分寬三三公分存南陽隴西寨殆为砖

编号　　　HN-NY-1121

著录与文献　孙文青：《南阳汉画象汇存》，南京：金陵大学中国文化研究所，1937 年，第七四图。

180

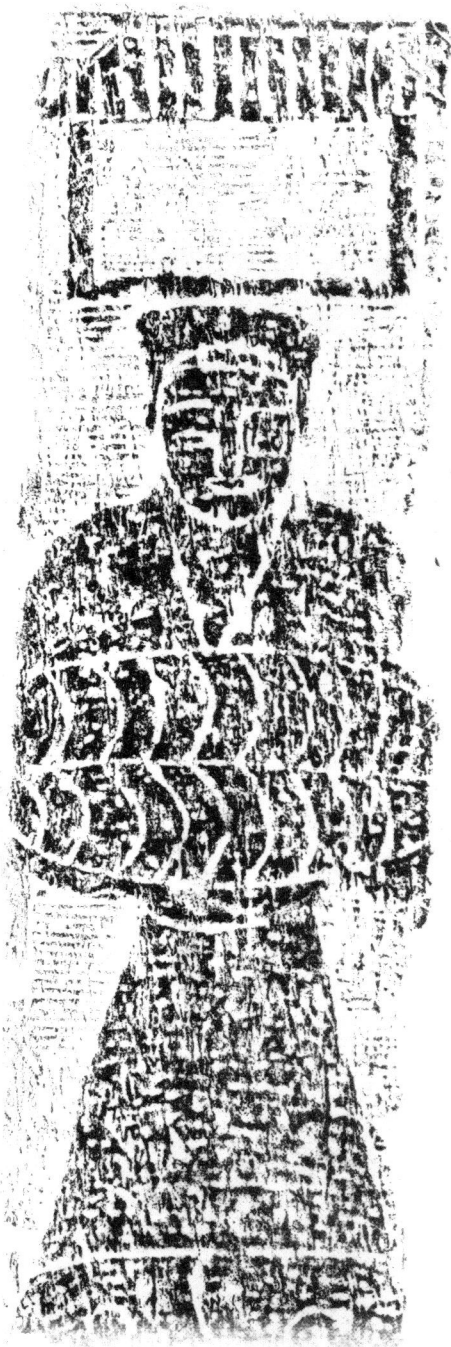

第七五圖　石長一〇六．七公分寬三四公分存南陽東關外七孔橋殆為墓柱石上刻室屋下刻正面拱立象

編号　　　　HN-NY-1122

著录与文献　孙文青:《南阳汉画象汇存》,南京:金陵大学中国文化研究所,1937 年,第七五图;北京鲁迅博物馆、上海鲁迅纪念馆编《鲁迅藏汉画象（一）》,上海：上海人民美术出版社，1986 年，图四一；文物图像研究室汉代拓本整理小组：《"中央研究院"历史语言研究所藏汉代石刻画象拓本目录》,台北："中央研究院"历史语言研究所，2002 年，173 页，图 569。

第八一圖 石長一〇九公分寬三二二公分存南陽小東關甸浚

街始為墓柱石刻一人左向執主臂縣物如鐸

编号　　HN-NY-1123

著录与文献　　孙文青:《南阳汉画象汇存》,南京:金陵大学中国文化研究所,1937 年,第八一图;北京鲁迅博物馆、
　　　　上海鲁迅纪念馆编《鲁迅藏汉画象（一）》,上海：上海人民美术出版社,1986 年,图一四。

第八二圖　石長一〇〇.四公分寬三二.八公分存南陽城北掘地坪殆為墓門石刻一人執圭右立象

編号　HN-NY-1124

著录与文献　孙文青：《南阳汉画象汇存》，南京：金陵大学中国文化研究所，1937 年，第八二图。

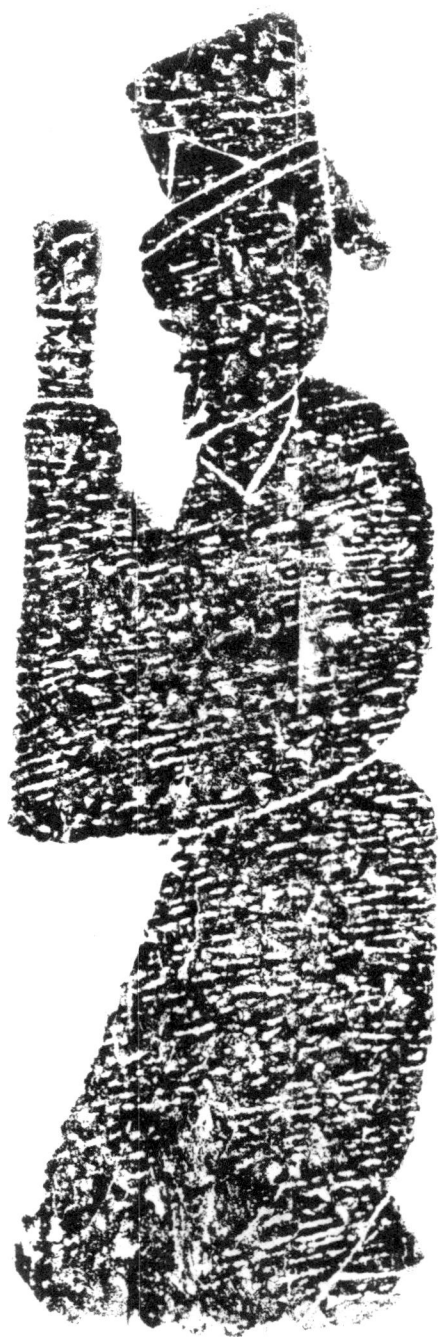

第八三圖 中學校殆為墓門石刻一人執圭左立象

石長一二四公分寬三八公分存南陽東關省立第五

编号　HN-NY-1125

著录与文献　孙文青:《南阳汉画象汇存》,南京:金陵大学中国文化研究所,1937 年,第八三图;北京鲁迅博物馆、上海鲁迅纪念馆编《鲁迅藏汉画象(一)》,上海:上海人民美术出版社,1986 年,图一一;文物图像研究室汉代拓本整理小组:《"中央研究院"历史语言研究所藏汉代石刻画象拓本目录》,台北:"中央研究院"历史语言研究所,2002 年,179 页,图588。

第
九
二
圖

石長一四一公分寬三〇·五公分存南陽砂崗店始為墓亭柱石上刻右向回首獸下刻持戟左立人象

编号　　　HN-NY-1126

著录与文献　　孙文青：《南阳汉画象汇存》，南京：金陵大学中国文化研究所，1937 年，第九二图。

第九三圖 石長寬畫象存地同第九二圖右向上象殘其首

編号　HN-NY-1127

著录与文献　孙文青：《南阳汉画象汇存》，南京：金陵大学中国文化研究所，1937年，第九三图；文物图像研究室汉代拓本整理小组：《"中央研究院"历史语言研究所藏汉代石刻画象拓本目录》，台北："中央研究院"历史语言研究所，2002年，184页，图605。

第九六圖 石長一三六公分寬三三公分存南陽城北鄂城寺殆 為墓旁柱石刻執矛石立人象

编号　　　　HN-NY-1128

著录与文献　孙文青：《南阳汉画象汇存》，南京：金陵大学中国文化研究所，1937 年，第九六图。

第九七圖 墓柱石上刻右向翔鳳下刻持戟右立人象

石長一三四・六公分寬二八・五公分存南陽靳崗殆為

编号　　　HN-NY-1129

著录与文献　　孙文青：《南阳汉画象汇存》，南京：金陵大学中国文化研究所，1937 年，第九七图。

第九九圖　石長一一一、八公分寬三二公分存南陽城北郭城寺附為墓柱石背面刻執彗右立人象

編号　　　　HN-NY-1130

著录与文献　孙文青：《南阳汉画象汇存》，南京：金陵大学中国文化研究所，1937 年，第九九图。

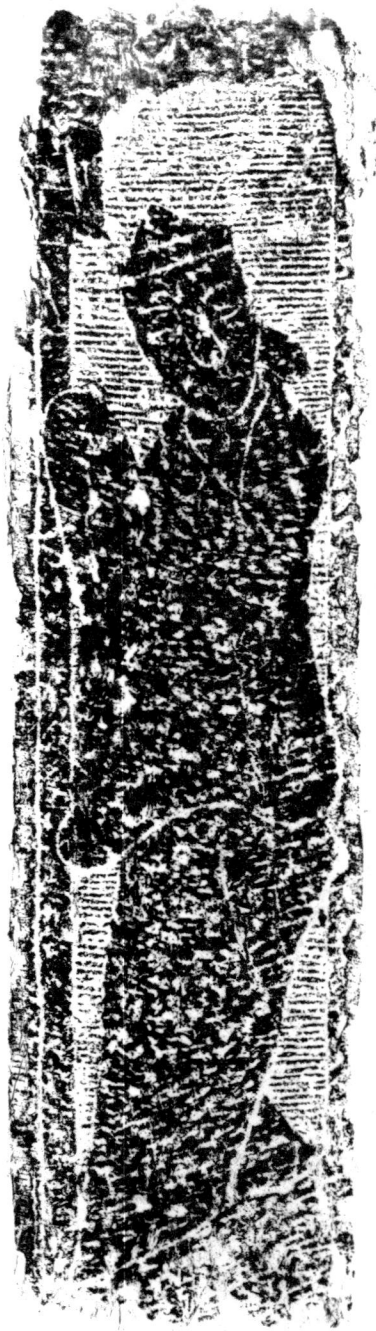

第一〇三圖 面左向

石長寬畫象存地同第一〇〇圖刻在前北中柱背

编号　　HN-NY-1131

著录与文献　孙文青：《南阳汉画象汇存》，南京：金陵大学中国文化研究所，1937年，第一〇三图；文物图
　　　　　　像研究室汉代拓本整理小组：《"中央研究院"历史语言研究所藏汉代石刻画象拓本目录》，台北：
　　　　　　"中央研究院"历史语言研究所，2002年，154页，图501。

第一〇九圖

石横長一四九、三公分寬三三公分存南陽小北闕殆為楣石右刻一龍口銜曲環向前奔馳後刻一人左手執龍尾右手持物皆右向

編号　HN-NY-1132

著录与文献　孙文青：《南阳汉画象汇存》，南京：金陵大学中国文化研究所，1937年，第一〇九图；文物图像研究室汉代拓本整理小组：《"中央研究院"历史语言研究所藏汉代石刻画象拓本目录》，台北："中央研究院"历史语言研究所，2002年，177页，图580。

第一一一圖　殘石橫長一一一、八公分寬三四、六公分石在南陽景地殆為楣石石刻一獸如熊縱行左刻一人騎橐駝逐之皆右向

編号　HN-NY-1133

著录与文献　孙文青：《南阳汉画象汇存》，南京：金陵大学中国文化研究所，1937 年，第一一一图；北京鲁迅博物馆、上海鲁迅纪念馆编《鲁迅藏汉画象（一）》，上海：上海人民美术出版社，1986 年，图一五二；文物图像研究室汉代拓本整理小组：《"中央研究院"历史语言研究所藏汉代石刻画象拓本目录》，台北："中央研究院"历史语言研究所，2002 年，196 页，图 641。

第一一二圖 残石横長七三·六公分寬二三·四公分石在南陽某地殆為楣石石刻一獸獨角兩翼後半已殘俯首向左作抵觸狀中一獸回首前奔左刻一人作驚駭狀

编号　　HN-NY-1134

著录与文献　　孙文青：《南阳汉画象汇存》，南京：金陵大学中国文化研究所，1937 年，第一一二图。

第一一三圖

石橫長一一一、七公分寬三三、四公分存南陽東南
栗河橋上始為楣石中刻一人作逐獸狀左向左刻
一獸有兩翼奔而回首左向右刻一虎驚竄右向下
有闌

编号　　HN-NY-1135

著录与文献　孙文青：《南阳汉画象汇存》，南京：金陵大学中国文化研究所，1937 年，第一一三图；北京鲁
迅博物馆、上海鲁迅纪念馆编《鲁迅藏汉画象（一）》，上海：上海人民美术出版社，1986 年，
图一三〇；文物图像研究室汉代拓本整理小组：《"中央研究院"历史语言研究所藏汉代石刻画
象拓本目录》，台北："中央研究院"历史语言研究所，2002 年，181 页，图 596。

第一一五圖　石横長一四九·二公分寬三〇·五公分存南陽教育局始為墓棺石中刻一獸獨角兩翼回首狂奔右刻同樣獸自後逐之皆左向石刻一人張手回身徒搏之形右向獸奔上揚

编号　HN-NY-1136

著录与文献　孙文青：《南阳汉画象汇存》，南京：金陵大学中国文化研究所，1937 年，第一一五图。

第
一
一
七
圖

石横長一六〇公分寬二二、五公分存南陽北新店
禮拜寺殆為墓限石左右各刻一獨角獸俯首相向
中刻一人豬喙奮臂曲足各執其角作相鬥形左刻
一虎自遠奔至右向

编号　　HN-NY-1137

著录与文献　　孙文青：《南阳汉画象汇存》，南京：金陵大学中国文化研究所，1937年，第一一七图。

第一二二图

石横长二二一公分宽二六三公分存南阳西南下
范营桥上殆为阙楣石左刻花文中刻一人立两凤
之间凤左右向其右復刻一人張其手足右顧一虎
作驚駭状

編号　　　HN-NY-1138

著录与文献　　孙文青：《南阳汉画象汇存》，南京：金陵大学中国文化研究所，1937年，第一二二图。

第
一
二
三
圖

石橫長一四二二公分寬三三·六公分存南陽城北
姚寨村殆為墓楣石中刻一人騎虎左刻回首獸右
刻三人騎馬隨虎皆左向上下有闌

编号　　　HN-NY-1139

著录与文献　　孙文青：《南阳汉画象汇存》，南京：金陵大学中国文化研究所，1937 年，第一二三图。

第一二七圖　石長一一七·五公分寬四八·二公分存南陽東南張堂為漢碑正面碑上左角缺右角刻獸首人體象有兩翼作到飛旋舞之狀下刻一人仰首瞻望左向

编号　HN-NY-1140

著录与文献　孙文青：《南阳汉画象汇存》，南京：金陵大学中国文化研究所，1937 年，第一二七图。

第
一
二
八
圖
此
石
為
第
一
二
七
圖
之
背
下
刻
一
人
屈
膝
按
掌
屈
首

作
掙
扎
狀
左
向
上
刻
一
人
俯
首
下
視
足
踏
其
肩
臂
石

向
左
臂
已
缺
適
當
碑
斷
處

编号　　HN-NY-1141

著录与文献　　孙文青：《南阳汉画象汇存》，南京：金陵大学中国文化研究所，1937 年，第一二八图。

第
一
二
九
圖
残
石
横
長
六
八
六
公
分
寬
三
五
五
公
分
存
南
陽
南
城
根
始
為
墓
楣
石
刻
二
人
相
對
作
撲
擊
狀
塵
土
飛
揚

编号　HN-NY-1142

著录与文献　孙文青：《南阳汉画象汇存》，南京：金陵大学中国文化研究所，1937 年，第一二九图。

第一三二圖　殘石橫長一二三公分寬三一·二公分存南陽北新店殆為墓楬石中一人左向前有方几其左二人相對其右二人相向中間置壺似作投壺之戲皆跽坐

編号　　　HN-NY-1143

著录与文献　孙文青：《南阳汉画象汇存》，南京：金陵大学中国文化研究所，1937年，第一三二图；文物图像研究室汉代拓本整理小组：《"中央研究院"历史语言研究所藏汉代石刻画象拓本目录》，台北："中央研究院"历史语言研究所，2002年，161页，图527。

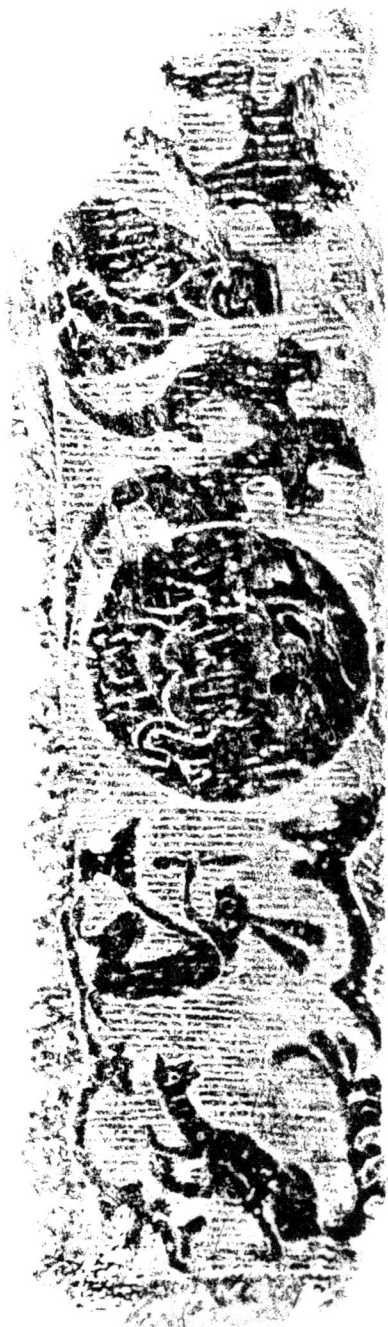

第一三四图 石横长一二九五公分宽三三五公分存南阳魁公橋始为楣石左刻一人右向坐中为圆月右一兒持杵捣药兒後一獸皆左向绕以灵仿

编号　　　HN-NY-1144

著录与文献　孙文青：《南阳汉画象汇存》，南京：金陵大学中国文化研究所，1937 年，第一三四图；北京鲁迅博物馆、上海鲁迅纪念馆编《鲁迅藏汉画象（一）》，上海：上海人民美术出版社，1986 年，图一〇三；文物图像研究室汉代拓本整理小组：《"中央研究院"历史语言研究所藏汉代石刻画象拓本目录》，台北："中央研究院"历史语言研究所，2002 年，171 页，图 561。

第一三六圖　石横長二四六三公分寬四二、五公分存南陽隴西墓砼為闕楣石共六人左端二人右向立中二人執長矛作格鬥狀右二人一握棒作擲擊狀一人冤牛角冠執椎尖作傾跌狀皆戴冑

编号　HN-NY-1145

著录与文献　孙文青：《南阳汉画象汇存》，南京：金陵大学中国文化研究所，1937 年，第一三六图；文物图像研究室汉代拓本整理小组：《"中央研究院"历史语言研究所藏汉代石刻画象拓本目录》，台北："中央研究院"历史语言研究所，2002 年，162 页，图 530。

第一三八圖

残石横长一〇六·七公分宽四三·一公分存南阳石
橋镇殆為墓楣石此兩端均有残缺右存一鼓永以
龔左右兩人擊之石残僅存一手正面一人舞鼗一
人长袖舞其左一舞者石有剥泐仍可辨其服首再
左一人似與之作對舞状

編号　　　　HN-NY-1146

著录与文献　孙文青：《南阳汉画象汇存》，南京：金陵大学中国文化研究所，1937 年，第一三八图；北京鲁
　　　　　　迅博物馆、上海鲁迅纪念馆编《鲁迅藏汉画象（一）》，上海：上海人民美术出版社，1986 年，
　　　　　　图一九九。

收藏单位　　河南博物院

第
一
三
九
圖

石横長一三五、五公分宽三三公分存南陽七孔橋
殆為墓槨石中刻二人相向擊鼓左右上各有帷幕
左四人二人拱手二人手執舞器皆右向跪坐右刻
三人一人跪坐左向二人方起舞右向上下有闌

编号　　HN-NY-1147

著录与文献　　孙文青：《南阳汉画象汇存》，南京：金陵大学中国文化研究所，1937年，第一三九图。

第一四〇图　石横长一四六公分宽三四公分存南阳北门外始为墓楣石共九人中三人跌坐左手支颐右手按腹左一人左向作跄舞再左二人作长袖舞右三人人已莫胡一人左右手执箭一人细腰立其后当均为舞者上有阑

编号　　　HN-NY-1148

著录与文献　孙文青：《南阳汉画象汇存》，南京：金陵大学中国文化研究所，1937年，第一四〇图。

第
一
四
五
圖
殆
為
拜
石
下
刻
方
孔
環
以
三
魚

石
高
八
〇
公
分
寬
六
六
八
公
分
存
南
陽
城
北
豆
腐
店

编号　　HN-NY-1149

著录与文献　孙文青：《南阳汉画象汇存》，南京：金陵大学中国文化研究所，1937 年，第一四五图。

208

南阳汉画画面描述所用的术语与专词

想法

【1】《汉画总录》南阳卷没有按照术语与专词形成的一般规范来建立术语专词，而是根据南阳汉画的研究文献所使用的术语来抽取术语专词（所谓"一般规范"就是按习语、按研究、按自命名等各种方式设立描述画面的术语与专词的方法。这些方法也各有各自的理据，但是，在使用中形成的问题和局限却在于无法在使用之前先行规范为何使用这个，而不是那个术语，即没有现行设定术语标准，而且在使用的全部术语与专词中没有统一的标准，而是几种标准的混合使用，无法还原每个术语与专词的生成过程。）；

【2】在所有抽取出来的术语中，只根据南阳汉画中出现的图像实际所涉及的术语专词，并不涉及虽然在南阳汉画的研究文献中出现，但并不是讨论南阳汉画的部分；

【3】因此，《汉画总录》南阳卷所使用的术语与专词实际上也未涉及每种事物和图像分类的全部类型，只涉及目前可以确认和肯定的部分。这就意味着：

1.不是完全根据图像逻辑建立；

2.不是完全根据事物的逻辑建立；

3.不是完全根据汉代遗留下来的名称建立；

4.不是完全根据考古和物质材料遗留下来的形象资料建立。

所谓图像逻辑，是指图像的构成原则。

图像与逻辑是不相容的两个概念。所谓图像，是指呈现而可以被视觉接受的对象，而且这个对象是一个包含具体微妙差异的整体，其中形式关系并不固定和明确（除非被逻辑形式化之后）。所谓逻辑，是推论和证明的思维过程，逻辑透过对推论的形式系统与自然语言中的论证等来研究命题与论证的次序、组合与涵盖、排解和自恰的结构，并加以分类。逻各斯[1]具备双重意义，第一重意义是语词或者概念，这个语词或概念已经脱离了图像"具体微妙差异"的性质，虽然作为其起源出于某种事物的图或像，但是其形式已经不再具备对所产生的那一个事物的图与像渊源之间的直接显现。语词，进而推至数字和几何形式，虽然可以具有有形的符号——视觉的和图像的（文字），也可以是无形的——非视觉的、非图像的（声音或算法）。逻各斯的第二重意义是通过语词或数字等形式进行有效运算、推理和证明的原则与标准。这个原则与标准虽然可以构成一种显现的框架，可以做成一个视觉的图形，但是图形的形式是抽象的，性质是普遍的。也就是说，逻辑从来都是理性，而不是现象。

"图像逻辑"之成立并不是因为图像具有逻辑，而是因为人类在文化发展的早期（即旧石器时代结束之后的冰后期）放弃图像而选择语言作为人类精神的主要载体之后，语言和思维成为主体而逐步形成原则和标准，这种原则和标准体现为语言学的规律和方法。当图像重新回复到人类的精神领域，正在经历"图像学转换"而成为一种新的精神载体之后，人们还习惯于用语言学的方法和术语即逻辑，来对图像的原则和标准进行描述。因此，图像逻辑是一个以语言学的基础理论对图像的"假借式"描述。图像自身只有构成，没有逻辑。

在《汉画总录》南阳卷中如何使用术语与专词的问题，则是建立在术语和专词已经把图像转化为语言之后，因此，一幅图画实际上被转写为一段逻辑语句，已经不再是图像的逻辑，而是图像被术语与专词"逻辑化"了。

图像和逻辑既然是不相容的两个概念，二者不是可以并列讨论的问题，图像本质是现象的变现（所见即像），逻辑本质是一种思维结构，语言及数字和几何形式则是逻辑的载体与外化形式，二者在特定历史或观念条件下被人为建立了主观化的关联（而非固有的、不变的关系），因此，不同的案例必然存在不同的情况。就汉画而言，虽然部分汉画图像在当时是以语言的逻辑为依据和基础而显现为空间结构中的图像，或者可以说是语言的"图解"，如"射侯、射爵"图等，但是各个图像在整体结构上已经是铺陈式的、片段性的，充满自我矛盾和自我重组，只是局部构成中形成了"图像与语词"间存在的一种"类对应"或"模糊对应"关系（也就是说其自始就是部分重合的、片段化语言或逻辑的图形化显现），即从逻辑到图像的过渡形式和模糊形式，由此，经历了图像转换的逻辑意义就不一定能被准确地表达和读取；而且，此处逻辑关系是被释读者给予的，是从图像到逻辑的再一次解释的过程。

---

[1] 现在使用的逻辑直接来源是一个中文音译英文（logic）的希腊语源逻各斯（logos）。

图像具备一个以上的语词转写的可能性，而一个语词又可以呈现为一个以上的图像，因此，一个图像的结构（即此处所说的图像逻辑）应该是一个具有多种可置换的语词聚合形成的空间（视觉）构成关系。但是我们在进行《汉画总录》南阳卷图画描述的时候并没有就此展开，而是较为武断地将一个图像仅仅转写为一串语词，所以其中所隐含的粗糙和简化的问题尚未着手解决。

所谓"事物的逻辑"，是指如果将图和像看成是事物的形式，同理，事物的本身也不具有与逻辑的相容性。

事物是被人观看的对象，图像是人观看到的事物，事物与图像的区别在于，如果将此观看到的事物经过人为的方法再度呈现，就构成了图像的各个层次和类型。事物与图像之间有一个距离，这个距离就是人为的感知，感知过程是一个抽象过程。

事物与图像之间的关系形成了图像的层次和类型，相当复杂。从对图像的呈现方式上来区分，至少可以分成七层（观看，摄制［摄影和电影］，描绘，图解［图书］，符码［记号，符箓，象征，隐喻］，文字和心像）。

汉画里面出现的图像是属于图像层次中的第三到第五层，这三个层次与事物之间的关系应该分层次地来论述，因为一个图形可以是第三层次的描绘，也可以是第四层次的图解，也可以是第五层次的符码。或者，在某一个汉画图形的具体使用中，这三个层次是交织的和混合的。对逻辑图像拟以光的"波粒二相性"为参考处理，是否应该将对汉画性质的论述，放置在图像与语言逻辑的双重性质上加以处理，图像的描述本来应该对这样的层次进行多重处理和适当的区隔，但是在《汉画总录》南阳卷中这个工作也还没有展开。

所谓"汉代遗留下来的名称"，是指当时（汉代）的自我定义，即制作图像者自我当时给图像的命名、称谓和解释。

汉画之所以被我们取为中国图像志的关键，是因为汉代不仅遗留了大量的图像，而且同时还遗留了当时关于这些图像的名称和描述，而这些描述散布在汉代的文献以及在考古活动中不断发现的语词材料中。如何根据汉代的所有文献来建立汉代的事物的词典，这个工作目前还没有展开。

所谓"考古和物质材料遗留下来的形象资料"，是指对所有考古与物质材料的数据进行全面统计和分析。到目前为止的考古和物质材料遗留下来的形象资料相当丰富，这些资料既有汉画这样的图像材料，也有物质现象包括人造和非人工因素遗留下来的考古与物质材料及其变化，同时还遗留着虽然不具备清晰而完整的形态，却能够通过各种图像和物质材料之间构成的"位置"上的相互对应排列关系，这样的材料虽然已经大量发现，但是对所有这些材料的总结、记录和分析还没有全面展开。

基于以上的四个条件，所以南阳汉画的描述并不是讨论对图画的描述方法问题，而仅仅是讨论在我们著录汉画的工作过程中，基于一定的条件，我们可以采用什么样的方法，把进程和限度限制在一定的程度上，既不会过分夸大这种描述的作用，而使得我们对于问题的理解被所使用的术语和专词的相当有限的偏颇和局限误导，也不会因为现有的描述的局限而放弃对图像进行进一步的理解和分析的需要。这样，这一次的图像描述是一个在一定的"学术史"实验过程中对于学术工作尽可能清晰的自我呈现和自我批判（也许还有一个附带作用，就是把编制《汉画总录》南阳卷之前所有的南阳画像研究，做了反复的阅读与推敲）。

办法

一、南阳卷所用术语与专词由北京大学汉画研究所的工作人员收集和阅读所有有关南阳汉画的报告、著录和研究文献，提取出用于描述的术语与专词 6400 种，删重和剔芜后为 2000 多种。

二、对以上术语与专词进行整理和分析，确立选弃原则。将被选入术语与专词表的词汇分为五个类型：

1. 功能

2. 形像

3. 主题（又称母题）

4. 题材

5. 叙述（又称叙事）

其中第 1、第 5 类型不作为术语与专词，第 4 类型以原称《……》表示，也不列入术语与专词。在图像描述中用"又称《……》"表示。

第 1 类型中的"技术术语专词"专列一表。这些术语涉及过去渊源（如在《汉画总录》陕北卷中所使用），可继续沿用。

第 2 类型中的纹样术语与专词专列一表。

第 3 类型中"星相"、"服饰"和"宫室及其构造方法"各专列一表。

三、南阳汉画馆与北京大学汉画研究所的全体编辑人员会同商定去取，所用原则：

1. 习用。已为汉画研究领域所习用和接受，不会引起歧义者。

2. 合用。南阳迄今为止的实物中所出现者为限。

由此共获得术语与专词 869 种。（其中包括互有涵盖关系的词串。）

四、建立了一些组词方式。如前缀"持一"、"奔一"、"斗一"（作为动词）、"一（头）"（作为形容词）；后缀"一型基座"、"一吏"；中间结构"半一半一"等。

经由与所有南阳汉画画面对勘，最后确定在《汉画总录》（11—30 册）使用的《术语与专词表》

主题词、关键词初步集成的《术语与专词表》

南阳汉画纹样术语

根据三种：

    1. 形

    2. 像

    3. 相互关系

穿璧纹、穿环纹、垂幔纹（连弧纹）、横竖纹（互相并排，或者横或者竖）、回字纹、连璧纹、菱形穿璧纹、菱形穿环纹、菱形连璧纹、菱形套环纹、菱形套连纹、菱形纹、鸟兽纹、钱币纹、乳钉纹、三角形纹、绳纹、柿蒂纹、网格纹（呈 90° 排列即为方格纹）、席纹、斜条纹、云气纹、折线纹、植物纹

N 环套连纹

南阳汉画百戏术语

曼衍（鱼龙曼延）

杂技（杂有古名和描述专词）：

古名（除寻橦、冲狭、高絙等之外，包含特殊修饰词都卢 [地名] 等）

主要道具

主要动作

借用现代杂技用语（兼有 2，3）

寻橦（都卢寻橦）、橦、跟挂腹旋、倒挂

飞剑跳丸、跳剑、丸（弹丸）

倒立、樽上倒立、单手倒立、反折腰（小翻）、金鸡独立、擎戴倒立

冲狭（钻火圈或刀圈）、刀圈

高絚（高空走索）、斜索、走戟

履火、吐火、吞刀

弄壶（耍罈子）、弄杖（弄棒）、玩折木

车戏

假形戏、象人、魔术

豹戏、蚩尤戏、东海黄公、龟戏、鲧化黄熊、虎戏、滑稽戏、角抵戏（角牴戏）、六禽戏、龙虎戏、鱼戏

—面具

南阳画像石兵器术语

栏锜（兵器架）

剑、长剑

匕首、刀、短刀、环首刀

斧、钺

矛、三刃矛

戟、棨戟、戈

钩镶

椎（锤）

弓、弓箭、弩、弩机、蹶张

箭、箭簇（茹矢、矰矢、恒矢、痹矢、缴矢、杀矢、枉矢、桃弧棘矢）

胄（此处用为马之甲）、铠甲（无盔者）、盔

盾、长盾

金吾（大棒）、棒、短棒、棍

殳

南阳画像石狩猎术语

用具和方法

罝、网、筌、箪

（蒐猎、狝猎、校猎、游猎）

跪射、弋射、骑射

猎一（猎物）

南阳画像石车马术语

牛车、马车、虎车、龙车、鹿车、熊车、鱼车

雷车、云气车

轺车、鼓车（计里鼓车）

羽葆、轫、车盖

马、骖马

出行、车马出行

驭者（御者）、骑手

从吏（包括主簿）、从骑、导从、导骑

南阳汉画服饰术语

古名

现代描述

髻：堆髻、高髻、三角髻、山形髻、圆髻、椎髻（缕鹿髻、四起大髻）

帻：介帻、平巾帻、帻巾

帽：尖帽

冠：一弁（爵弁、武弁）、长冠、尖状冠、角状冠（獬豸冠）、山形冠、鱼形冠、高山冠、进贤冠、平顶冠、却敌冠、通天冠、委貌冠、武弁大冠

冕：冕旒、冕服

梳妆、束发、云环

步摇、耳珰、胜

交领、方领、直领

鞮、履、靴、屐

衣裳：深衣、长袍、长裙、长襦、袴、裈、大裤、大练裙、单衣、短裙、短襦、襦、短衣、胡服

头衣、胫衣、足衣

（元服）

南阳汉画宫室类术语专词

以功用区分

以结构样式区分

以建筑的部件和部分区分

祠堂、望楼、望亭、气楼、阙、观、库房

门楼、厅、堂、后堂、楼、阁、庭、水榭

帷、幄、垂幔、幔

单孔桥、拱形桥

穿斗式（建筑结构）、四阿式、抬梁式、单檐四阿式、四角攒尖、干阑式、单檐歇山顶、硬山、庑殿式

屋脊、脊饰、正脊、垂脊

屋顶、顶盖石、囤顶、盝顶、庑顶、攒尖

檐、三层檐、滴水（屋檐构件）、椽、瓦当、瓦垄

梁柱、梁枋、栌斗、替木、斗歃、单层拱券、一斗一升（两升斗栱）、斗栱、筒栱、柱础、柱头

槛、门槛石、门扉、门框、门楣、门柱

栏杆、台基

壁衣

南阳汉画乐舞术语

古名

主要道具

主要动作

借用现代乐舞用语（兼有 2，3）

伎乐、乐舞、歌舞

独舞、建鼓舞、巾舞（公莫）、盘鼓舞（一说七盘舞）、七盘舞、踏盘舞、五行舞

鼓吹、黄门鼓吹、钟鼓乐

云锣、锣、铙、钲

鼓、鹿鼓、五连鼓、连鼓、盘鼓、建鼓（楹鼓）、建鼓橦、鼗鼓、鞮鼓（鞞鼓）、铜鼓（慎用）、枹、鼓枹、虎形鼓座

簴、钟、镈钟、甬钟、编钟、磬（罄）、编磬

箎、排箫、笛、箫、埙、竽、笙、箾（shuò）篪

筝、瑟、琵琶、琴、筑弦柱、琴弦

笳（一说胡笳）、胡笳、箜篌、竖箜篌、卧箜篌

鼓瑟、吹箎、吹排箫、吹笙、吹箫、吹埙、吹竽、吹—

击鼓、击钲、击—

弹奏、击节（拊掌）、抃

南阳汉画器物术语
古名

主要道具

主要动作

借用现代乐舞用语（兼有2，3）

礼器

工具

家具

圭、笏、节、璧、环、璜

幡、华盖、旗旌

鬶、罍

跗、基座

凭几、案、席、几、便面、博山炉、烛、镜、函、奁、斗柄、勺

彗、簸箕、铧、锸、锄、锛、镢、锤、三股叉、筛、耒耜、镰、鞭、独轮车、独木舟、桨

井

斗（量器）、规、矩

钩

流苏、铃

马鞍、马槽

蓑衣

南阳汉画动物、植物、瑞兽、仙禽、瑞木术语专词
兽类：龙、豹、虎、狐、狼、狮、蛇、熊、蟒、猿

象、鹿、骆驼（橐驼）、猴

蟾蜍、蛙

兔、野兔、玉兔、玉兔捣药

牛、耕牛、野牛

羊、羊头、野羊

狗、猎犬、门犬、犬

猪、猪头、野猪、野猪、豕

马（在车马，除非野马）

鱼类：鳊、鲤、鲢、鲫、螺、比目鱼、鳖、

蹲一、立一、蹲兽

蝉

鼠

禽类：雀、雁、大雁、天鹅、鹄（天鹅）、鹳、鹤、孔雀、鸡、雉鸡、鹅、鸭、鹰

鹳鱼

植物类：树、柏树、柳、松、杨树

莲花、卷草

山峰、山林

南阳汉画神仙术语

瑞兽：

人面一、一首一身、多头一、仙一

四神、怪兽、巨兽、灵怪、

辟邪（神兽，一说桃拔）、天禄（天鹿）、麒麟

独角兽（一说兕，一说犀牛，一说獬豸，一说梳雷波）

白虎、翼虎、虎身人面兽（一说马腹）

青龙（苍龙）、夔龙、应龙（翼龙）、交龙、结龙

天马、曈疏（一角马）

铺首、铺首衔环

鹰头神兽、半鹰半狮

九头人面兽（一说开明兽）、九尾狐

灵龟

镇墓兽

鬼

仙禽：三青鸟、阳乌、负日阳乌、三足乌、鸥鹓、比翼鸟、朱雀（朱鸟）、凤鸟（凤凰）、重明鸟

瑞木：桑树、扶桑、嘉禾、芝草（灵芝）、长青树（柏树）

神灵：

天帝（太一、太乙、泰一）、半人半兽、半人半龙女神（一说女娲，一说常羲，一说嫦娥）、离朱、魃、山神、神农、常羲、嫦娥（姮娥）、西王母、羲和、土伯、羽人、雨师、牛郎、织女、帝喾、帝俊、电师、东王公、风伯、伏羲、高禖、河伯、羿（一说宗布神）、雷公、蓐收、句芒

仙人

帝王：蚩尤、盘古、太昊、祝融、颛顼、炎帝、黄帝

天门、悬圃、昆仑、祥瑞、云气

角（犄角）、口、舌、须、戴角、环眼

一般人物：吏、门吏、门下吏、蹶张（材官蹶张）、执金吾、虎贲、护卫、仆役、使者、侍从、侍女、侍者、奴婢、书佐、随从、亭长、伍佰、主记、翁仲（慎用）

伯乐（柏乐）、农人、尊者

巫、觋、傩、方相氏（慎用）

胡人、胡奴

伎、艺人、滑稽艺人、力士、赤膊武士、侏儒

南阳汉画天象术语专词

天图、星辰、星宿、星宿图、星象、星象图

日、日食、日月同辉、月、虹霓

星（星名或特指北斗星）、太白星、黄道

二十八宿

苍龙：角、亢、氐、房、心、尾、箕

玄武：斗、牛、女、虚、危、室、壁

白虎：奎、娄、胃、昴、毕、觜、参

朱雀：井、鬼、柳、星、张、翼、轸

北斗七星：天枢、天璇、天玑、天权、玉衡、开阳、摇光

车府星、勾陈星（钩陈）、河鼓星、军市星、匏瓜星、仆射星、婺女星、南斗六星、牵牛星座、织女星宿、太微左垣、天桴星、天庙星、元冥星、土星、左执法、败瓜星、火星（荧惑）、彗星、蚩尤旗

N 星连线

南阳汉画庖厨、宴饮术语专词

酒、酒具、酒器

酿酒、酿酒器皿

饮酒、饮酒器皿、酒樽（承旋）

杯、爵、樽、卣、砧、觯、壶、提梁壶、耳杯、觥、觚

食具：箸、托盘、碗、瓶、鼎、

瓮、罐、大罐、大口罐、大瓮、高领壶

肉串

南阳汉画典故

聂政故事、泗水捞鼎、夏禹化熊、玄鸟生商、赵氏孤儿、周公辅成王、伯乐相马、荆轲刺秦、孔子见老子、李冰斗蛟、李冰治水、季子适鲁亲聆箾韶、二桃杀三士、范雎受袍、高祖斩蛇、狗咬赵盾、嫦娥奔月、后羿射日

雷公乘舆、河伯出行、射日、虎食人（一说虎噬女魃，一说虎噬旱魃）、二龙穿璧、二龙穿环、二龙合璧、二龙交尾、二龙戏鱼、虎坐飞鸟、龙凤交颈、龙戏鱼、象奴驯象

南阳汉画活动、行为术语专词

祭祀、讲经、解除、借贷、曝巫、射礼、衔璧、衔环、衔尾、交媾、交尾、操蛇、乘龙、骑象、驱鬼逐疫、去势（阉割）、升仙

蹴鞠、导引、抚琴、耕耘、牧放、系马、收租、冶炼、冶铁、曳引

跽坐、盘坐、踞坐（箕坐）

跪、跪拜

拜谒、对拜、拱手、迎宾

捧牍、捧盾、拥盾、拥彗

加冠

对弈、六博、投壶、度壶

技击（持械相斗）击剑、搏狮、斗虎、斗鸡、斗牛、斗兽、斗熊、捕鱼、刺虎、虎斗、斗一、一斗、戏凤、戏一

舞剑、仗剑、佩剑、

格斗、摔跤、相扑、角抵、扛鼎

反手跨步、弓步

持盾、荷戟、持竿、持戈、持彗、持戟、持剑、持节、持矛、持棨戟、持羽、持钺

捧盒、捧日、捧月、捧樽、端灯

执盾、执桴、执桴、执斧、执笏、执节、执镜、执牛角、执弩

南阳汉画旧有名称表

《击剑图》《加冠图》《加冕图》《甲第图》《犍牛图》《讲经图》《蛟龙玄鱼图》《礼乐图》《莲子图》《麟虎捕熊》《刘邦弃子》《楼阁铺首衔环》《楼阁图》《猛士刺虎》《猛虎扑牛》《聂政刺侠累》《牛车图》《牛耕图》《祈雨图》《骑马图》《青龙图》《日月合璧图》《启母化石》《牵牛图》《丧葬图》《校猎图》《阳乌负日图》《折腰舞》《中耕图》《长袖舞》《折盘舞》《虹霓图》《占星图》《乐舞百戏图》《乐舞图》《游戏图》《乌获扛鼎》《五鹊图》《武夫格麟》《祥瑞图》《晏子见齐景公》《宴乐图》《阳乌巡天》《阉牛图》《天象图》《天文图》《投壶图》《戏车图》《太阳神虎图》《四神图》《四灵图》《狩猎图》

铭文、榜题、臧阁（藏阁）

南阳汉代画像石的早期收集、著录与研究

徐呈瑞

南阳汉画像石是除山东嘉祥武氏祠以外较早为世人所重的一批汉代图像材料，民国以来几位南阳当地的学者及滕固、鲁迅等先生都曾对其密切关注并不断著录发表。他们或亲自访拓或托人收集，留下了较好的早期拓本和原石的保存地或出土信息。这些早期重要材料在建国后的不断整理公布，让更为深入地研究早期出土的零散画像石成为可能。在《汉画总录》南阳卷散石部分的编辑过程中，早期研究和著录的的信息成为较为可靠的分类编号依据。下面本文将对民国时期五批南阳画像石的重要著录和研究材料进行梳理和评述，并对同时出现的相关研究作综述。

从南阳当地的几个明代建筑物的基石上即有画像石的情况来看 [1]，早期对于墓葬中出土的画像石并无足够的认识，视其为常石并重新使用的情况较多，而且这种状况一直持续到民国初年，而民间所说的南阳黄渠河上有"玉石月牙桥"、博望桥下"石人大睡觉"的说法就成为早期对画像石的认识的记录。[2]

现在所知南阳汉画最早的访拓者为张中孚 [3]，他于 1927 年至 1928 年间拓得数十幅，交由关百益 [4] 编为《南阳汉画象集》[5] 一书。该书前有关氏所作《南阳汉画象集序》，文中对于汉画的雕

---

[1] 孙文青：《南阳草店汉墓画象集自序》，载《河南博物馆馆刊》1936年第五期，6页。

[2] 李陈广、魏仁华：《董作宾与南阳汉代画像石》，载《汉画学术文集》，郑州：河南美术出版社，1996年，84页。

[3] 张中孚（1874—1941），民国时期著名教育家、方志学家，南阳县白庄人，名嘉谋，字中孚或忠夫，自号梅溪钓徒，后简称为梅溪。事迹可见陈洪远《张中孚先生事略》；魏发展《张梅溪事迹考评》，载《许昌学院学报》1993年第3期。

[4] 关百益（1882—1956），原名探谦，字益斋。满族。开封市人。清光绪三十三年（1907），毕业于京师大学堂速成科师范馆。1908—1917年先后任北京第三中学堂、第一中学堂校长兼任高等学堂校长。1917年受聘于河南省教育厅，历任河南优级师范学校校长、河南省立师范学校校长、河南省立第一中学校长、河南省省长秘书、河南省博物馆（今河南省博物院）馆长和河南省通志馆编纂等职。

[5] 关百益：《南阳汉画象集》，上海：中华书局，1930年。1933年该书再版。

刻技法作了概括和区别 [6]，并认为南阳当地"或为剔地阴文隐起象，或为镂地阴文隐起象" [7]。该书图像部分除第一图为山东潍县陈簠斋所藏南阳汉代画像砖，第卅图和第卅一图非汉代之外 [8]，其余皆为南阳当地出土画像石，每块原石配有尺寸、图像内容和保存地的说明。是书为南阳画像石最早的著录图书。

　　虽可知的最早传拓是 1927 年开始，但是最早被确定为汉代之物却是从董作宾开始。"南阳汉画象不见于著录，民国十二三年间，邑人董彦堂、杨章甫等始有所发现。" [9] 董作宾 1895 年出生于南阳市宛城区长春街（现解放路）。民国十二三年时，二十八岁的董已赴北京，入北京大学旁听，初学甲骨文。 [10] 此时以其学识对家乡的画像石已有了初步的认识。1931 年夏，淯水泛滥，南阳西南十八里草店村临岸的草店墓被冲出，墓为当地驻军宋天才部私掘，出土物凡三担，皆被运送出宛，下落不明，仅余画像石在原处。 [11] 董作宾闻之后即有回宛发掘之意。 [12]1933 年 7 月董作宾在山东滕县调查汉画。8 月，董作宾转往河南南阳草店调查汉墓画像 [13]，但是具体的调查经过和持续时间并不十分清楚，只能在石璋如所编《考古年表》中谓"其余城乡散存画像石亦甚多" [14] 的说法中知其调查范围之广。同时还可知道在此次考察中，董氏将四块画像石移至民众教育馆集中保存，孙文青《南阳汉画象访拓记》的附表四中第一条备注即提到此事。

　　[6] 同注4，文中关氏首先将"汉象"分为雕象和画象，以区别"鲁王墓前石人"类圆雕和"朱鲔墓"、"邹县食斋祠园"类浅浮雕。然后对浅浮雕类图像的雕刻技法做了"以阴线泐成图象者谓之减地阴文平钑象"、"仅将象身陷入而饰以阴阳互用之文理者谓之减地阴阳文陷入象"、"又或就减地阴文平钑象将四围镂成文理者谓之镂地阴文隐起象"、"就减地阳文陷入象将四围石地镂成文理者谓之镂地阳文陷入象"四类划分，并举相应实物对照。

　　[7] 同注4。

　　[8] 图一砖收入《神州国光集》第七集，图像左为一人侧坐，一手上举，另一手执弓箭，鼻子较高；中一人手挥长袖，脚下有一鼓（盘）；右侧一人冠式向前，跪坐；画面下部为山峦树木。原文评其为"汉画象之最奇者"。第卅图和第卅一图风格上确非汉代之物，孙文青在《南阳汉画象访拓记》中收录并同意非汉代之说。

　　[9] 孙文青：《南阳汉画象访拓记》，载《金陵学报》，1934年第四卷第二期，157页。

　　[10] 参见《董作宾年表》。

　　[11] 孙文青：《南阳草店汉墓享堂画象记》，载《国闻周报》1933年第十卷第四十一期，1页。

　　[12] 孙文青：《南阳草店汉墓画象集自序》，载《河南博物馆馆刊》1936年第五期，6页。

　　[13] 邢义田：《"中央研究院"历史语言研究所藏汉代石刻画象拓本的来历与整理》，载《"中央研究院"历史语言研究所藏汉代石刻画象拓本目录》，台北："中央研究院"历史语言研究所，2002年，ii 页。

　　[14] 同注12。

图一：董作宾调查南阳汉画像石。左二为董作宾，左三为孙文青。人物身前石为沙岗店出土。
　　　《汉画总录》编号为 HN-NY-197。

存石方位	存石处所	存石数	未搨石数	已搨石数	搨石之部位	画象名称及登记号	备注
南阳城内	民众教育馆	四	一	三	柱三	双结男拱立象（五一）栖鸟扬斧农（五二）舞兽女拱立象（五三）	廿二年八月董彦堂自北门外移此

其中三石拓片收入孙文青所编《南阳汉画象汇存》中的第六十六、七〇、七三图。[15] 现在此处所说的三石均存南阳汉画馆，《汉画总录》南阳卷中收录了这三张拓片，编号分别为 HN-NY-134（2）、HN-NY-166（2）、HN-NY-166（1），但是并非列表中所云的三石，其中"双结男拱立象"与"舞兽女拱立象"为同一石。另外，董作宾先生还用照片和模型的方式复原了草店墓，图像收录入孙氏《汇存》一书，直观形象地展示了该墓的状况，可以说是开了用模型复原墓葬的先河。[16]

董作宾此次的访拓应该也拓制了一定数量的拓片，但是并未同时记录下制作拓片的位置和具体信息，仅知在傅斯年图书馆保存有一张"由重庆沙坪坝（寄件人不详）寄昆明靛花巷史语所的牛皮邮包纸上，曾注记南阳画象 138 幅的出土地：五中学校、阮堂庙、栗河桥、新店镇、城东泰山庙、南河庙、鄂城寺、石桥镇、江黄村、百里头墓等"[17]。后这批拓片归于中央研究院历史语言研究所。2002 年史语所的文物图像研究室汉代拓本整理小组出版《"中央研究院"历史语言研究所藏汉代石刻画象拓本目录》，并建立了网络数据库[18]。该书在编辑时参考了早期南阳画像石著录的几种书目，根据已有的出土和保存地进行了较为细致精心的编号和分类，尤其在一些细节上作了比较周全的考虑，如 183 页图 601，收录了同一原石因拓工拓印的选择不同而导致的两张细节上有差别的现象。同时我们也可以与《汉画总录》南阳卷现在编号为 HN-NY-816（1）的拓本相对照看。2004 年史语所又"择其较精者五十种和未见发表者六十八种"刊布，其中南阳二十二种。

---

[15] 孙文青：《南阳汉画象汇存》，南京：金陵大学中国文化研究所，1937年，三三、三五、三七页。

[16] "草店墓影片与模型乃段之董彦堂先生者，可以窥见其墓遗制"，商承祚：《南阳汉画象汇存跋》，载《南阳汉画象汇存》，南京：金陵大学中国文化研究所，1937年。

[17] 同注12。这些地名与孙文青的记录基本相符，应该是同时期拓制。但是未将制作地点同时记录也让后来在整理时只能参考已有的几种著录图书。

[18] http://rub.ihp.sinica.edu.tw/~hanrelief/h/

图二：董作宾所作南阳草店画像石墓模型。

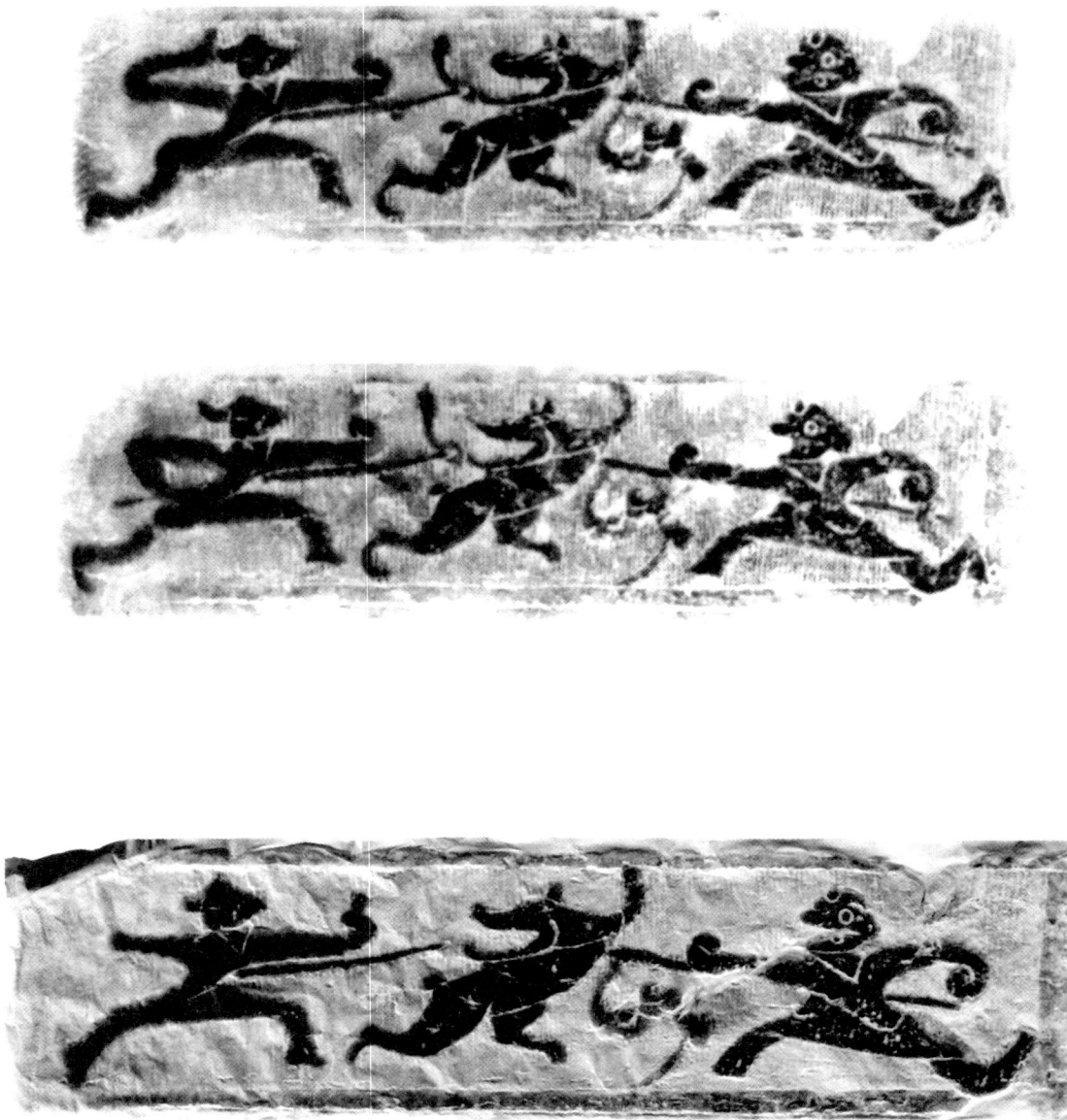

图三：上、中图像为史语所藏拓片，下为《汉画总录》南阳卷中收录拓片。

当然书中也存在着一些错误。如《拓本目录》中 145 页，图 467、469、471 皆非南阳草店墓中图像，而 168 页图 553 和 169 页图 556 原本应属于草店墓的图像却未被收入草店墓。198 页图 649 与 203 应为同一石的拓本，收录两次。同样的错误也出现在网络数据库中。当然瑕不掩瑜，该书仍然给后来的《汉画总录》南阳卷在民国散石部分的编辑提供了较好的参考。

鲁迅先生一直以来对汉代画像石极为关注，其收藏的画像石拓本数量甚为可观，而且在日记和书信往来中多有关于画像石拓本收集的记录。1930 年 11 月 15 日，三弟周建人在关百益的《南阳汉画象》一书出版后不久帮鲁迅购买一册，其时南阳画像石才刚刚为外界所知，尚无拓本可收集。从书信中我们可知鲁迅先生真正的收集实在 1935 年至 1936 年之间。鲁迅通过台静农 [19] 和王冶秋 [20] 转托杨廷宾、王正朔和王正今代为在南阳访拓。从书信中的统计来看，至 1936 年鲁迅收到南阳拓本共 231 幅 [21]，另加上鲁迅自己零散所购，一共数量为 246 幅。[22]1936 年 10 月 19 日鲁迅去世，其将拓片结集出版的心愿也未能完成。

1986 年北京鲁迅博物馆、上海鲁迅纪念馆挑选 200 幅编为《鲁迅藏汉画象》（一）。该书在编辑时按照画面的内容编排，并对拓片上所留的杨廷宾等人的说明文字作为"原注录"照录，保留下了当时原石的保存位置等信息。另外编者还亲赴南阳汉画馆将拓片和原石进行了核对，但未及一一核对。此次在《汉画总录》南阳卷的编辑过程中，对此作了进一步的核对，并与孙文青《南阳汉画象汇存》所著录的原石保存地作了比较。[23]

[19] 台静农（1903—1990），字伯简，安徽霍邱人。著名作家、文学评论家、书法家。早年系"未名社"成员，与鲁迅有过交往。鲁迅致台静农的信中共有四封提及南阳访拓事。

[20] 王冶秋（1909 —1987），又名野秋。安徽霍邱人。1947年后任北方大学、华北大学研究员。建国后，历任文化部文物局副局长、局长，国家文物局局长、顾问。著有《民元前的鲁迅先生》《琉璃厂史话》等。鲁迅致王冶秋书信中有四封涉及南阳访拓。

[21] 这一部分有几位学者曾做过完整的梳理和研究，本文将集中讨论鲁迅藏南阳汉画像拓本的整理情况和学术价值，而仅将鲁迅相关信件和日记书账作为附录。可参阅李允经《鲁迅和南阳汉画像》，载《鲁迅研究动态》，1985年第8期，43-48页。杨士俊选注《鲁迅关于南阳汉画的九封书信》，载《中州今古》1994年第5期，4-5页。曾宪波：《鲁迅收集南阳汉画拓本始末》，载《中州今古》1997年第3期，47-51页。黄廷珣：《为鲁迅搜集南阳汉画拓片的地下党员》，载《协商论坛》2011年第12期，47-48页。

[22] 见《鲁迅藏汉画象》（一）之《编印说明》。北京鲁迅博物馆、上海鲁迅纪念馆编《鲁迅藏汉画象》（一），上海：上海人民美术出版社，1986年。

[23] 经比较，两书在地名细节上有差别，在《汉画总录》南阳卷编辑中皆以孙文青所注地名为准，例如《鲁迅藏汉画象》（一）中图三七原注录为"现存南阳东寨门外七空桥上，共七种"，此种情况也出现在"三八"、"三九"中，此处应为"七孔桥"。图五〇、五三中"公义门"与"公议门"的不同说法，依照现在的说法记为"公议门"。

早期对南阳画像石收集、整理和研究成就最大的首推孙文青[24]先生，在艰苦条件之下他不懈的细致工作为以后南阳画像石的保存和研究提供了极大的便利。孙文青搜集南阳汉画像是从1932年执教南阳五中开始。他从第一次购得的二十种拓片中发现关百益书中所未收的部分后，便开始了访拓，进而一发不可收拾，"举凡意之所向，神之所会，足之所至，目之所睹，无往而非汉石也"。1932秋，孙文青在草店墓发现一年后踏访，第二天再访即携郑容众测绘、吴子千摄影，并雇拓工进行精拓。[25]1933年，孙文青赴开封后，又托张禹九、王洗真、蔡一木几位友人代为访拓。8月，孙完成第一篇关于南阳汉画像石的文章《南阳草店汉墓享堂画象记》[26]。同年又完成了《南阳汉墓中的星象及斗兽图》一文[27]。截至1934年4月完成《南阳汉画象访拓记》[28]时，共拓得所见全部石头的五分之三，共145幅拓本，编为《南阳汉画象汇存》第一卷。1937年，在鲁迅先生去世一年后，《南阳汉画象汇存》在金陵大学出版，该书收录了孙文青的两篇序文和董作宾所拍摄草店墓的发掘照片及复原的模型照片，并有商承祚所作跋文，图版部分珂罗版印刷精良。[29]同年，孙文青由开封重回南阳任县志馆副馆长。1939年，在董作宾的斡旋下得到中英庚款董事会资助，在友人刘尧庭、刘寿之协助下继续调查南阳周边的画像石，完成《汇存》二、三、四卷。1942年，在驻军第145师黄樵松师长许可下得部队在修筑工事翻修马路时出土画像石，编为《汇存》第五卷。[30]后来的四卷至今并未出版，建国后，孙文青将四卷的原稿捐赠南阳档案馆，500余张汉画

---

[24] 孙文青（1896—1986），名林翰，号素庵。南阳市社旗县大冯营人。撰有《张衡年谱》《南阳汉画象汇存》《南阳草店汉墓画像集》等书。

[25] 可考的曾帮孙文青制作拓本的拓工仅一人，图三中坐于门楣上的即为李茂林，图一中的左四似乎也是李茂林。

[26] 孙文青：《南阳草店汉墓享堂画象记》，载《国闻周报》1933年第十卷第四十一期，1-2页。

[27] 孙文青：《南阳汉墓中的星象及斗兽图》，载《科学画报》1933年第十卷第十期，389页。

[28] 孙文青：《南阳汉画象访拓记》，载《金陵学报》1934年第四卷第二期，157-182页。1935年11月11日鲁迅收到台静农寄来《南阳汉画象访拓记》一文，也对南阳的访拓事更加关注。在此文中他将所访拓到的石头作了详细的记录和统计，这些数据和信息为日后将散石集中并建立汉画馆保存提供了极大帮助，在《汉画总录》南阳卷的编辑过程中，我们也发现大量的民国发现的散石现在归入了南阳汉画馆。

[29] 鲁迅曾在信中评价"关百益有选印本（中华书局出版），亦多凡品"，而想自己出版相关图书。《汇存》一书的印量也不大，1978年日本朋友书店影印200本，国内有广陵古籍出版社1999年重新影印，但图像质量皆远逊于原书。我们在《汉画总录》南阳卷的编辑过程中也发现了原书有两处图片印反的情况，分别为第六三图和一三七图，在南阳卷中编号分别为HN-NY-312（1）和HN-NY-129。其中的一些石头如第六图和第一三八图现在的原石藏河南博物院。

[30] 孙文青的南阳画像石搜访经历可参看孙文青《南阳汉画象访拓记》，载《金陵学报》1934年第四卷第二期，157-182页。马俊乾：《孙文青与南阳汉画像石》，载《河南文史资料》第25辑，1988年，90-95页。李陈广、张新强：《对南阳汉画像石早期收藏的研究》，载《南阳汉画早期拓片选集》，郑州：中州古籍出版社，1993年，8-14页。

图四：拓工制作草店墓石刻拓片。

拓片捐赠南阳汉画馆[31]，此两部分资料的合璧出版应该会对一定数量无法确定出土征集地点的早期散石提供更多的信息。[32] 1944 年 9 月 1 日，成书较早的《南阳草店汉墓画像集》出版，该书编成后历尽资金短缺、战乱等各种困难，后国立北平图书馆资助印费三千元的情况下终于印成。该书收录袁同礼所作序文、作者自序、发现记、提要、考释、王景汉缩绘后记、编校后记等文字，但是该书的印量较小，其价值仍未得到足够的重视。笔者后来看到一则材料，1935 年 9 月借《张衡年谱》出版一事，孙文青希望能将之前已经编好的《南阳草店汉墓画像集》出版，可惜未能成功[33]，一封新发现的书信中披露了这一信息。

除以上对孙氏与南阳画像石的种种相关事件及对散落原石的访拓之外，孙氏在研究中的贡献也是极大的，一些观点对现在的研究仍有很大的参考价值。分述如下：

一、通过草店墓和后来发掘的较为完整的石桥东门画像石墓与广阳镇桐庄西太子岭三座墓葬的构造，对南阳地区的画像石墓葬图像配置有了客观的认识。在《南阳汉画象汇存》中，孙氏通过分析完整墓葬得出的规律，给一些墓葬归属不明的散石大致作了位置的归纳。同时根据图像在墓葬中位置对其意义作了相应的合理解释。他的这种方法现在仍然值得采用，而且在有现在大量科学考古发掘的画像石墓的材料基础上应该能够得到更加深入准确的认识。

二、他将画像石的形象分为天象图、地域图、历史图、礼乐图、游戏图、祥瑞图六类，并对其来源和底本作了考订。这种考订结合了时代因素的影响，对画像石的粉本是否存在文献的对应来源以及民间与宫廷间的粉本仿效作了初步的揭示。

三、他对一些原石功用的推测也值得重视，例如对于《汇存》第一四五图，他认为是拜石，此石虽下落不明，但是南阳汉画馆藏的另一块编号为 HN-NY-147 的石头的属性确实可以探讨，这种情况也与肥致碑的碑座部分和存于山东嘉祥的一块石头情况类似。另外对于一些形制特殊的较大原石，如《汇存》第四图，南阳卷编号为 HN-NY-150 的阮堂的天象石，他给出了祠壁石的

---

[31] 据李陈广、张新强《对南阳汉画像石早期收藏的研究》载："1950年孙先生，离开南阳时，将他半生积累的图书——'雨湘图书馆'和他的学术研究结晶——《南阳汉画像石汇存》第二至四集初稿及所积汉画像石拓片等资料全部捐献给南阳市人民文化馆。1986年孙先生又将他晚年所撰写的汉画像石及历史专题研究文稿130多篇和部分资料图籍，捐献给南阳市档案馆。"另，草店墓的部分拓本后为西安碑林博物馆陈根远购得。

[32] 1993年，南阳汉画馆和南阳地区文物研究所从孙文青捐赠南阳汉画馆的500余张拓本中选189张拓本集为《南阳汉画早期拓片选集》一书，其中包括孙文青未刊的二、三、四、五卷中的部分。

[33] 此书信曾于2008年在网络上拍卖，可见网页http://www.kongfz.cn/1893607/。笔者与同时上拍的几件孙氏拍品和《张衡年谱》的出版时间等比对后认为是可信的材料。

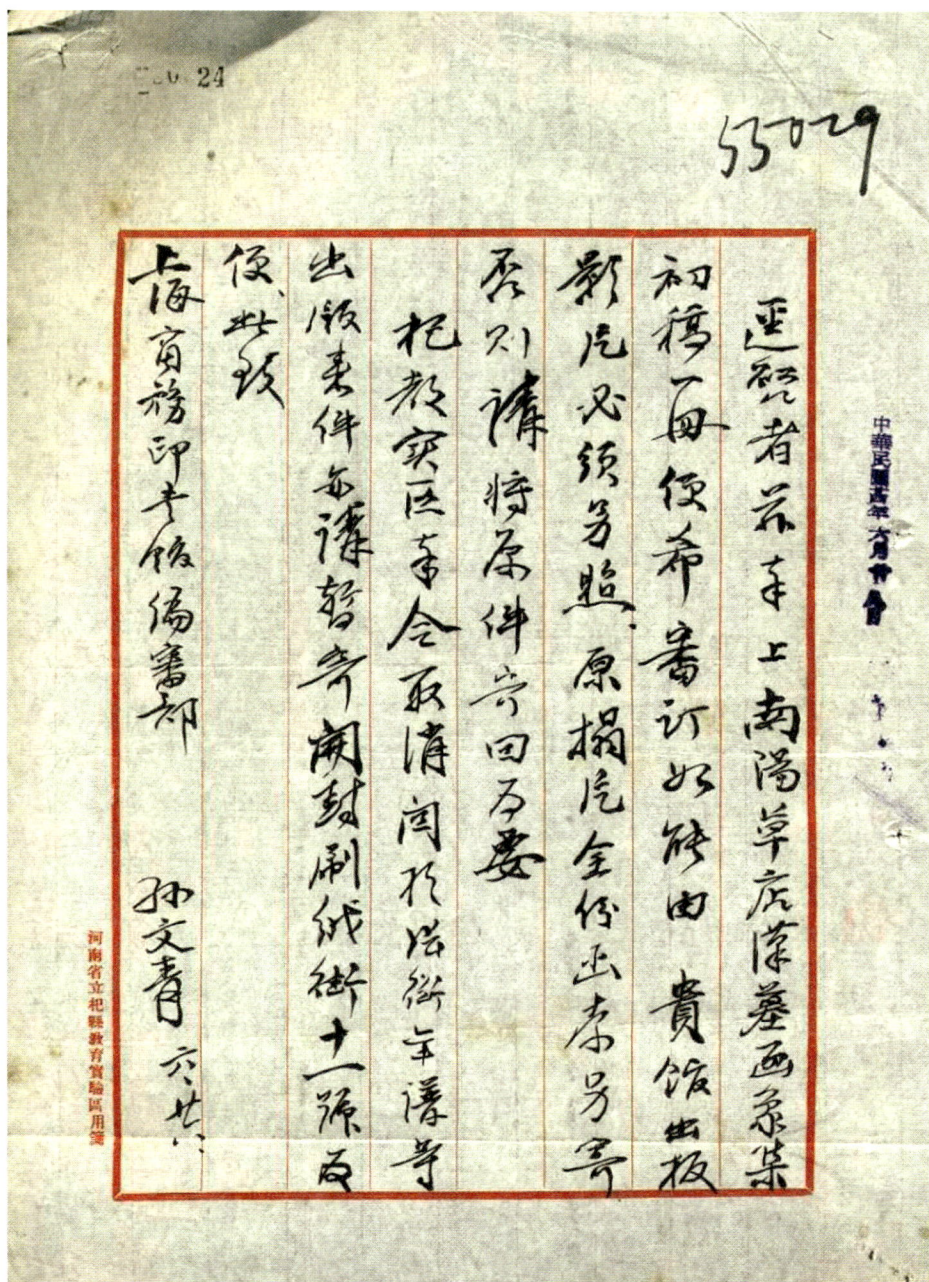

图五：孙文青为《南阳草店汉墓画像集》出版致商务印书馆信。

说法，也让我们开始思考，南阳地区的墓葬是否也会有相应的地上祠堂建筑？

除孙文青先生之外，早期著专文对南阳画像石进行研究的还有滕固[34]先生，其《南阳汉画像石刻之历史的及风格的考察》[35]一文中的颇多观点至今仍被经常引用，其中对于风格上的缜密分析极为精彩。他的这篇文章得到了董作宾的帮助，提供了草店墓的照片和墓葬结构图。该文针对南阳画像石的年代问题、石室构造与画像、野兽图像、乐舞图像、石刻画像在艺术上的位置五个部分作了探讨。滕固早年曾经留学日本和德国的经历让他较之孙文青在看待图像时有更为广阔的视野，而且能够利用更多的相关材料来做出更为准确的推断。在第一部分中从文献和当时可见的汉代雕塑实物的情况推断南阳画像石的大体时代应该在东汉早期。第二部分中他也通过图像内容和在墓葬中的位置认识到画像石存在一定组合程式，并对俑与图像的关系作了提示。第三部分中，他特别注意到野兽图像中的一些外来因素，通过在图像上较为细致和克制的分析比较，否定了OttoFischer不承认汉代图像受到外来影响的说法。第四部分中他认为乐舞的场景所描述的是巴渝舞，并作了文献上的分析。而对于与山东相比南阳当时未发现历史故事图像的情况，他认为"南阳人不尚理想，但是现实的享乐，这种一往无前的豪迈的性格，无遗憾地发露于画像，故其画像一般地奇诡雄伟，富有泼辣的观感刺激"。第五部分中他通过对乐浪漆器、波士顿博物馆藏壁画和营城子壁画等汉代图像材料的比较后，将南阳画像石作了"拟浮雕"和"拟绘画"的两种合理分法，至今学者在对画像石雕刻技法进行分类时仍然会将其作为参考。滕固的文章发表之后，孙次舟对其文章中南阳汉画像中的乐舞场景大抵为"巴渝舞"或至少与"巴渝舞"有关的论点进行了论证缜密的反驳[36]，但是将"乐舞"、"野兽图像"、"男女带侏儒"等图像全部归于"百戏"的说法还是值得商榷的。

除以上的一些收集和研究之外，有一则外文的文献较少被注意到，这则文献也透露了现

---

[34] 滕固（1901—1941），字若渠，月浦人。早年毕业于上海美术专科学校，留学日本，攻读文学和艺术史，获硕士学位。民国十八年（1929）又赴德国柏林大学留学，民国二十一年（1932）获美术史学博士学位。回国后一度从政，任行政院参事兼中央文物保管委员会常务委员、行政院所属各部档案整理处代理处长、重庆中央大学教授等职务。从政期间，他继续从事艺术、考古等方面的撰著，并被德国东方艺术学会推举为名誉会员。1938年，出任昆明国立艺术专科学校校长，掌校两年后，因故离职而去，居家重庆，后患脑膜炎。半年后，在出院途中因家庭纠纷死于非命。

[35] 滕固：《南阳汉画像石刻之历史的及风格的考察》，载《张菊生先生七十生日纪念论文集》，上海：商务印书馆，1937年，483-503页。文中提及其使用的拓本是南阳教育局代为雇工拓印的150份，董作宾本欲约其往南阳考察原石，未成行。

[36] 孙次舟：《论南阳汉画像中的乐舞——驳滕固先生》，载《历史与考古》1937年第3期，9-14页。

在所知的国外最早的有系统的南阳画像石拓片收藏情况。这篇文章的作者佛罗伦斯·艾斯库（Florence Ayscough）1939 年准备离开北京前夕，一位商人带来一包 77 张（后又增加了 36 张）拓片让其检视，并讲述这是一单姓中国学者的旧藏，原欲出书，结果身死未成。其子无能力出版，决定割让这批拓片。艾斯库买下这批拓片之后，在裴德士（W.B.Pettus）、章学楼（Zhang Hsüehlou）、白桂岑（Pai Kueits'en）的帮助和建议下进行了图像内容的初步辨识。他将关百益的《南阳汉画象》序文译作英文，并由方志彤（Achilles Chih-t'ungFang）做了校对和笔记。译文之后，他还对画面中的动物形象的选择和象人（masked man）、"百戏"、神话形象与《天问》《大招》等古文献中的文本的关系问题得出了初步的认识，并将《大招》译为英文。[37] 整个文章的分析虽然不长，却较为准确地切入了实际的问题。该书收录南阳汉代画像石拓片 18 张，除插图Ⅵ V ,c 为陈簠斋所藏的南阳画像砖之外，其余拓片皆为其妻子 H.F.MacNair 拍摄的这批收藏，图像均可在孙文青的收藏中看到。

　　这批百余张拓片后来是否流入西方，成为西方的第一批南阳汉代图像收藏，不得而知，但是此文却是将南阳汉画像石第一次介绍到西方的视野，正如艾氏在文中提及他们（关百益和孙文青）不会知道南阳汉画会被发表在西方的杂志上。（they have not however,so far as we are aware,been published in any Western journal.）

　　以上是对早期南阳画像石收集与研究的重要著述和近年来新整理公布的相关材料的综述，其中的很多重要成果在后来的研究中并未得到足够的重视和展开。[38] 此次在其基础上我们完成了《汉画总录》第18 至 21 册的编辑。这批原石出土的时间较早，虽缺乏准确的墓葬出土信息，但是通过对这些早期记录和研究的梳理，仍然可以得到一些相对准确的分布和位置关系。另外，在图像的意义上，这批占到南阳地区四分之一数量的形象资料也是南阳汉代图像志中非常重要的部分，可以为画像细节形象的探讨、局部地区画像风格的演变等方面提供重要的证据。

---

[37] Florence Ayscough, *An Uncommon Aspect of Han Sculpture: Figures from Nan-yang, Monumenta Serica,* Vol. 4, No. 1 （1939），pp. 334-344.

[38] 截至文章完成之时，还有三批材料因尚未得到足够的重视，而未被细致整理发表。前两批是前文提及的孙文青捐赠给南阳汉画馆的拓本和南阳市档案馆所藏的《南阳汉画象汇存》的二、三、四、五卷的稿本，还有一批为陈长山先生相告所知，他曾偶然从旧货市场所得的孙文青调查南阳画像石的稿本。这三批材料之中应该还有未经发表的部分早期南阳画像石的出土和保存信息。这三批材料在发表后应该也会为早期南阳地区画像石的研究提供一些重要的证据。

插图出处：

图一：文物图像研究室汉代拓本整理小组：《"中央研究院"历史语言研究所藏汉代石刻画象拓本目录》，台北："中央研究院"历史语言研究所，2002年，ii，附图二。

图二：孙文青：《南阳汉画象汇存》，南京：金陵大学中国文化研究所，1937年，图二。

图三：上、中　文物图像研究室汉代拓本整理小组：《"中央研究院"历史语言研究所藏汉代石刻画象拓本目录》，台北："中央研究院"历史语言研究所，2002年，183页，图601。下　《汉画总录27南阳》，136页。

图四：孙文青：《南阳汉墓中的星象及斗兽图》，载《科学画报》1933年第十卷第十期，389页。

图五：出自网页 http://www.kongfz.cn/1893607/

南阳汉代画像石研究文献目录

Florence Ayscough，*An Uncommon Aspect of Han Sculpture: Figures from Nan-yang*，*Monumenta Serica*，Vol. 4，No. 1（1939），pp. 334-344.

《南阳汉代画像石》编辑委员会：《南阳市中原技校画像石墓》，载《南阳汉代画像石》，北京：文物出版社，1985 年，27-29 页。

《南阳汉画馆档案管理独具特色》，载《档案管理》1992 年第 2 期。

《南阳汉画馆新馆落成开放》，载《中原文物》2000 年第 1 期，80 页。

《南阳汉画像石》编辑委员会：《邓县长冢店汉画像石墓》，载《中原文物》1982 年第 1 期，17-23 页。

《南阳汉画像石》编辑委员会：《唐河县电厂汉画像石墓》，载《中原文物》1982 年第 1 期，5-11 页。

《南阳汉画像石的三大特征》，载《荣宝斋》2005 年第 5 期，242-243 页。

《随县唐镇发现带壁画宋墓及东汉石室墓》，载《文物》1960 年第 1 期，77 页。

艾延丁：《南阳市王庄汉画像石墓顶画像考释》，载《中原文物》1986 年第 1 期，106-108 页转 92 页。

艾延丁：《南阳汉画像石墓兴衰的特殊原因》，载《南都学坛》1988 年第 3 期，81-83 页。

艾延丁：《关于我国古代家畜的去势术——从汉画像石中的"犍牛图"谈起》，载《农业考古》1989 年第 2 期，360-362 页。

艾延丁、李陈广：《试论南阳汉代画像中的田猎活动》，载《汉代画像石研究》，北京：文物出版社，1987 年，219-226 页。

安金槐：《对于杨官寺画像石墓时代问题的再探讨》，载《汉画学术文集》，郑州：河南美术出版社，1996 年，15-18 页。

安立华：《汉画像"金乌负日"图像探源》，载《东南文化》1992 年第 3-4 期，66-72 页。

白志华：《试析南阳汉画像石艺术的浪漫格调》，载《新乡学院学报（社会科学版）》2009 年第 1 期，

169—170 页。

北京鲁迅博物馆、上海鲁迅纪念馆编《鲁迅藏汉画象（一）》，上海：上海人民美术出版社，1986年。

卜友常：《南阳汉代嫦娥奔月画像石浅议》，载《商丘职业技术学院学报》2009 年第 6 期，88—89页。

卜友常：《论南阳汉代画像石粉本流传的三个路线》，载《艺术教育》2013 年第 3 期，132—133 页。

卜友常：《南阳汉代画像石的三大制作基地》，载《艺术教育》2013 年第 4 期，153 页。

曹东坡：《南阳汉代画像石刻艺术初探》，载《南阳师专学报》1986 年第 1 期，63—71 页。

曹东坡：《浅析南阳汉代画像石刻艺术的现代魅力》，载《南都学坛》1987 年第 4 期，67—69 页。

曹宏伟：《试论南阳草店汉墓研究的成就及影响》，载《中国汉画学会第十届年会论文集》，武汉：湖北人民出版社，2006 年，267—272 页。

曹新洲：《从南阳市麒麟岗汉墓前室顶画像看汉代神话体系的构成》，载《中国汉画学会第十届年会论文集》，武汉：湖北人民出版社，2006 年，276—278 页。

曹新洲等：《浅谈南阳汉代画像石雕刻技法的分期和分区特点》，载《中原文物》1996 年增刊，196—203 页。

长广敏雄：《南阳の画像石》，东京：东京美术出版社，1969 年。

长广敏雄：《南阳の画像石》，京都大学人文科学研究所研究报告，1974 年。

长山：《南阳汉画像石中的射箭》，载《体育报》1979 年 7 月 9 日。

长山：《古代盘舞》，载《舞蹈论丛》1981 年第 2 期。

长山、仁华：《南阳画像石中的阉牛图》，载《中国兽医》1980 年第 1 期，35—36 页。

长山、仁华：《试论王寨汉墓中的彗星图》，载《中原文物》1982 年第 1 期，26—27 页。

柴中庆：《南阳汉画像石墓墓主人身份初探》，载《汉代画像石研究》，北京：文物出版社，1987 年，45—52 页。

常任侠：《河南新出土汉代画像石刻试论》，载《文物》1973 年第 7 期，49—53 页。

陈成军：《河南新野画像砖戏车图像考议》，载《中国历史文物》2005 年第 3 期，33—38 页。

陈迪：《从南阳汉画像看汉代的傩文化》，载《中原文物》2002 年第 1 期，78—81 页。

陈峰：《汉画中的日月神——伏羲、女娲》，载《南都学坛》1992 年第 2 期，8—11 页。

陈峰：《汉画中的楚舞蹈艺术》，载《南都学坛》1994 年第 2 期，9—13 页。

陈峰：《汉代服饰文化在南阳汉画像石中的体现》，载《美与时代》2014 年第 6 期，51-52 页。

陈峰：《南阳汉画像石人物服饰简析》，载《现代装饰（理论）》2014 年第 6 期，131-132 页。

陈峰、刘太祥：《阳乌初探》，载《南阳汉代天文画像石研究》，北京：民族出版社，1995 年，83-88 页。

陈根远：《孙文青与南阳汉画像石》，载《碑林集刊》第十辑，西安：陕西人民美术出版社，2004 年，331-338 页。

陈根远：《南阳汉画像石的发现与收藏》，载《收藏》2005 年第 4 期。

陈家馨：《南阳汉画像石的龙形象解析》，载《南阳师范学院学报（社会科学版）》2006 年第 11 期，92-94 页。

陈江风：《南阳天文画像石考释》，载《汉代画像石研究》，北京：文物出版社，1987 年，141-154 页。

陈江风：《"羲和捧日、常羲捧月"画像石质疑》，载《中原文物》1988 年第 2 期，59-62 页。

陈江风：《关于唐河针织厂汉画像石墓中的两个问题》，载《文物》1988 年第 12 期，88-89 页。

陈江风：《"嫦娥奔月"画像考释——兼与史国强同志商榷》，载《南阳汉代天文画像石研究》，北京：民族出版社，1995 年，76-78 页。

陈向峰：《南阳汉画像石"符号化"图像艺术的主体性研究及人本设计理念启示》，硕士论文，重庆大学，2011 年。

陈长山：《记南阳汉代画像石刻陈列》，载《河南文博通迅》1980 年第 1 期。

陈长山：《高禖画像小考》，载《考古与文物》1987 年第 5 期。

陈长山、魏仁华：《蹶张图考》，载《考古与文物》1983 年第 3 期，74-75 页。

程健君：《南阳汉画中的"伏羲女娲图"考》，载《南都学坛》1988 年第 2 期，70-74 页。

程健君：《南阳汉画像石中的伏羲女娲》，载《民间文学论坛》1989 年第 1 期。

赤银中：《道教在南阳汉画中的作用和影响》，载《中国道教》2001 年第 5 期，29-31 页。

赤银忠：《南阳汉画中的内丹修仙术》，载《中国汉画学会第十届年会论文集》，武汉：湖北人民出版社，2006 年，225-229 页。

赤银中、房凌云：《从汉画看中国古代早期社会的犬文化》，载《南都学坛》2001 年增刊。

赤银中、宋香勤：《南阳汉画与汉人的生存意识观》，载《中国汉画学会第九届年会论文集》，北京：中国社会出版社，2004 年。

赤银中、王卫国：《南阳汉画像石砖中所体现的汉代建筑形象》，载《中原文物》1996 年增刊。

赤银中等：《阴阳五行思维模式与南阳汉画》，载《中原文物》2002 年第 3 期，52-55 页。

崔芳、易忠：《南阳汉画像石与古埃及壁画的对比分析》，载《开封大学学报》2011 年第 4 期，80-83 页。

崔芳、易忠：《南阳汉画像石与古埃及壁画艺术形式的比较》，载《郑州轻工业学院学报（社会科学版）》2011 年第 4 期，46-52 页。

崔华：《试析汉代陶灶上的"灶神"画像》，载《中国汉画学会第十届年会论文集》，武汉：湖北人民出版社，2006 年，56-60 页。

崔华、牛耕：《从汉画中的水旱神形象看汉代的祈雨风俗》，载《中原文物》1996 年 3 第期，75-83 页。

崔华、牛耕：《略论汉代文物中的滑稽形象及其表演艺术》，载《南都学坛》1998 年第 5 期，10-11 页。

崔兰珍：《南阳汉画像石成因探究》，载《美术界》2014 年第 6 期，86 页。

崔平：《试论南阳发现的再葬画像石墓》，载《中国汉画学会第十届年会论文集》，武汉：湖北人民出版社，2006 年。

崔庆明等：《南阳征集到仙人乘鹿画像石》，载《中国文物报》1989 年 4 月 7 日。

崔秀莲：《博大沉雄的南阳汉画像石》，载《中州今古》2004 年第 6 期，69 页。

丁君君：《从南阳汉画像石上看汉代的器乐艺术》，载《大众文艺》2011 年第 7 期，2-3 页。

董楚涵：《南阳汉画像石艺术中的汉代服装样式探微》，载《现代丝绸科学与技术》2011 年第 2 期，67-69 页转 80 页。

杜金山：《"嫦娥奔月"邮票名称考证》，载《邮电文史》2002 年第 5 期。

段景琪：《南阳汉代画像石墓门扉图像浅析》，硕士论文，西安美术学院，2010 年。

冯建志：《论建鼓在汉代乐舞百戏中的作用》，载《南都学坛》2000 年第 5 期，10-11 页。

冯晓青：《南阳汉画像石的和谐意蕴》，载《艺术教育》2007 年第 7 期，110-111 页。

冯振琦：《南阳汉代"乐舞"的音乐美学探微》，载《南都学坛》2001 年第 5 期，13-14 页。

高观印：《浅论南阳汉画中"胡人"特征及有关问题》，载《中原文物》1996 年增刊。

高旋：《南阳汉画像石民居建筑艺术浅析》，载《中国汉画学会第十三届年会论文集》，郑州：中州古籍出版社，2011 年，240-242 页。

高峥嵘：《汉画像石的线思维艺术——以南阳画像石艺术为例》，载《大众文艺》2012年第13期，119-120页。

邰歌：《南阳汉代画像石的艺术特征》，载《赤峰学院学报（自然科学版）》2013年第24期，63-64页。

顾森等：《历史凝炼在邮票上——汉画像石及其邮票介绍》，载《中国邮政》1999年第3期，30-31页。

顾伟：《南阳汉画像石墓出土铺首衔环分析》，载《江苏第二师范学院学报》2014年第7期，46-48页。

顾翔：《浅析南阳汉画像石造型语言的传承与线条特色》，载《作家》2011年第20期，239-240页。

顾颖：《南阳汉画像石的浪漫主义精神》，载《中原文物》2012年第2期，63-67页。

关百益：《南阳汉画像集》，上海：中华书局，1930年。

桂雪：《浅析南阳汉画像石中的乐舞形象》，硕士论文，郑州大学，2012年。

郭继锋等：《简析南阳汉画像石的意象空间》，载《美术时代》2004年第6期，56-58页。

郭靖：《赏析南阳汉画像石中舞乐百戏的辉煌》，载《青春岁月》2014年第1期，84页。

郭晓川：《南阳区汉画像视觉形式演变的分期研究》，载《美术研究》1994年第2期，4-9页。

郭学智：《南阳汉画像中鼗鼓的图像学解读》，载《中国汉画学会第十届年会论文集》，武汉：湖北人民出版社，2006年，195-201页。

韩冰：《南阳汉画像石中的人物艺术表现形式》，载《南都学坛》2008年第4期，148-149页。

韩冰：《南阳汉画像石中的人物艺术表现形式》，载《寻根》2008年第2期，13-14页。

韩甲、杨晓平、杨俊峰、王丽黎、翟京襄：《河南南阳景庄东汉画像石墓》，载《文物》2012年第4期，64-70页。

韩连武：《谈南阳汉画像石中的星象图》，载《南阳师专学报》1981年第1期。

韩连武：《南阳汉画像石星图研究》，载《南阳师专学报》1982年第3期，102-118页。

韩连武：《南阳汉画两解》，载《南都学坛》1987年第1期，77-78页。

韩顺发：《汉画像中的倒立分类及名称考释》，载《中原文物》1993年第2期，31-35页转60页。

韩玉祥：《南阳汉画像石的收藏研究概述》，载《南都学坛》1990年第5期，1-5页。

韩玉祥、牛天伟：《麒麟岗汉画像石墓前室墓顶画像考释》，载《南阳汉代天文画像石研究》，北京：民族出版社，1995年，23-25页。

何一萌:《南阳汉画像石:中国艺术的瑰宝 1——南阳与南阳汉画像石》,载《语文世界(中学生之窗)》2011 年第 1 期,44-45 页。

何一萌:《南阳汉画像石:中国艺术的瑰宝 2——缤纷万千的南阳汉画像石》,载《语文世界(中学生之窗)》2011 年第 2 期,42-43 页。

何一萌:《南阳汉画像石:中国艺术的瑰宝 3——缤纷万千的南阳汉画像石二衣食住行》,载《语文世界(中学生之窗)》2011 年第 3 期,42-44 页。

何一萌:《南阳汉画像石:中国艺术的瑰宝 4——缤纷万千的南阳汉画像石》,载《语文世界(中学生之窗)》2011 年第 4 期,42-44 页。

何一萌:《南阳汉画像石:中国艺术的瑰宝 5——缤纷万千的南阳汉画像石》,载《语文世界(中学生之窗)》2011 年第 5 期,42-45 页。

何一萌:《南阳汉画像石:中国艺术的瑰宝 6——南阳汉画像石:"一部绣像的汉代史"》,载《语文世界(中学生之窗)》2011 年第 6 期,42-43 页。

河南省博物馆:《南阳汉画像石概述》,载《文物》1973 年第 6 期,16-25 页。

河南省文化局文物工作队:《河南南阳杨官寺汉代画像石墓发掘报告》,载《考古学报》1963 年第 1 期,111-139 页。

河南省文化局文物工作队:《南阳汉代石刻墓》,载《文物参考资料》1958 年第 10 期,38-44 页。

河南省文化局文物工作队:《河南襄城茨沟汉画像石墓》,载《考古学报》1964 年第 1 期,111-131 页。

河南省文化局文物工作队等:《河南南阳东关晋墓》,载《考古》1963 年第 1 期,25-27 页。

贺福顺:《高禖画像小考一文商榷》,载《考古与文物》1992 年第 1 期。

贺福顺、寻铁勇:《〈伏羲·女娲·人物·奇兽〉图象管见——兼与陈长山同志商榷》,载《中国汉画学会第十届年会论文集》,武汉:湖北人民出版社,2006 年,230-232 页。

贺福顺等:《"嫦娥奔月图像商榷"的商榷》,载《中原文物》1997 年第 1 期,85-86 页转 97 页。

赫玉建:《汉代旱涝疫灾害在汉画中的反映》,载《中原文物》2002 年第 1 期,64-68 页。

赫玉建、蒋宏杰:《河南南阳市辛店熊营汉画像石墓》,载《考古》2008 年第 2 期,37-42 页。

胡冰:《鲁迅对石刻画像的搜集与研究》,载《文物参考资料》1953 年第 11 期,56-70 页。

湖北省文物管理委员会:《湖北随县唐镇汉魏墓清理》,载《考古》1996 年第 2 期,84-91 页。

化铉:《南阳汉画像石"二桃杀三士"的艺术魅力》,载《南都学坛》2011 年第 3 期,17-18 页。

桓晓虹：《南阳汉画像石申请世界文化遗产的条件与优势》，载《南都学坛》2010 年第 2 期，24－27 页。

黄芬：《以形写神 形神兼备——南阳麒麟岗汉画像石墓人物形象分析》，载《美术大观》2009 年第 1 期，178－179 页。

黄芬：《从汉画像石看南阳汉代社会风俗》，载《中国汉画学会第十三届年会论文集》，郑州：中州古籍出版社，2011 年，211－213 页。

黄芬：《南阳麒麟岗汉画像石墓人物画像的审美意蕴》，载《浙江社会科学》2011 年第 3 期，150－153 页。

黄茜文：《南阳汉代画像石中"乐舞图像"的舞蹈类型小议》，载《大众文艺》2011 年第 24 期，46 页。

黄姗姗：《南阳汉画像石的龙图像对现代设计的新启示》，硕士论文，陕西师范大学，2012 年。

黄廷珣：《为鲁迅搜集南阳汉画拓片的地下党员》，载《协商论坛》2011 年第 12 期，47－48 页。

黄宛峰：《羽人与楚文化》，载《南都学坛》1993 年第 1 期，1－4 页。

黄雅峰：《南阳汉画像石的神话与美学》，载《南都学坛》1981 年第 1 期，14－16 页。

黄雅峰：《南阳汉画像石和楚美术》，载《南都学坛》1991 年第 2 期，15－18 页。

黄雅峰：《南阳汉画像砖石的视觉造型》，郑州：河南美术出版社，1994 年。

黄雅峰：《南阳汉画像石的肌理研究》，载《南都学坛》1994 年第 4 期，7－10 页。

黄雅峰：《南阳汉画像砖石的美术史研究》，载《中原文物》1996 年增刊。

黄雅峰：《南阳汉画像砖石的艺术起源》，载《周口师范高等专科学报》1999 年第 4 期，22－25 页。

黄雅峰：《河南汉画像石艺术》，载《南都学坛》1999 年第 5 期，1－3 页。

黄雅峰：《南阳汉画像石环境艺术表现的本元文化特点》，载《艺术百家》2003 年第 1 期，128－130 页。

黄雅峰：《南阳汉画像石的艺术风格》，载《中国汉画学会第九届年会论文集》，北京：中国社会出版社，2004 年，506－512 页。

黄雅峰：《南阳汉画像石、画像砖人物题材的艺术特点》，载《大汉雄风——中国汉画学会第十一届年会论文集》，北京：高等教育出版社，2008 年，170－178 页。

黄雅峰、陈长山编著《南阳麒麟岗汉画像石墓》，西安：三秦出版社，2008 年。

黄运甫：《略谈南阳汉画像中的棒形具——兼谈执棒者的身份》，载《中原文物》1983 年特刊，

122—125 页。

霍鹏飞：《南阳汉画像石中的人物服饰特征》，载《纺织科技进展》2011 年第 3 期，79—80 页。

姬准：《南阳汉画像石中的民间类宗教考察》，载《艺术探索》2009 年第 1 期，41—42 页。

姬准：《天人和谐寓生机——浅谈南阳天象汉画像石》，载《学园》2014 年第 20 期，189 页。

季仲玲：《从南阳汉画像谈汉代舞蹈的主要形式》，载《中国高校教育与科研》2000 年第 3 期。

贾勇、刘朵：《从南阳汉画看楚文化对汉代音乐、舞蹈的影响》，载《南都学坛》2001 年增刊。

贾勇、赵唯：《汉画中的牛神话》，载《南都学坛》2002 年第 4 期，12—13 页。

贾勇：《试析汉画中的日月崇拜习俗》，载《中国汉画学会第十届年会论文集》，武汉：湖北人民出版社，2006 年，53—55 页。

（美）简·詹姆斯：《河南南阳丧葬图像的作用》，载《东方艺术》1990—1991 年（36，4）。

蒋宏杰、赫玉建、刘小兵、鞠辉：《河南南阳陈棚汉代彩绘画像石墓》，载《考古学报》2007 年第 2 期，233—266 页。

蒋宏杰、宋煜辉、刘小兵、强华、吕明刚、张海滨、王丽丽：《河南南阳市永泰小区汉画像石墓》，载《华夏考古》2010 年第 3 期，32—37 页。

蒋宏杰、宋煜辉、张晗、张海滨、杨晓平、王丽黎、潘杰：《河南省南阳市万家园汉画像石墓》，载《中原文物》2010 年第 5 期，11—16 页。

蒋其豪：《汉代角抵戏探析》，载《舞蹈论丛》1985 年第 3 期。

今雨等：《南阳发现罕见画像石墓》，载《中国文物报》1988 年 7 月 29 日。

金爱秀：《汉代斗兽试析》，载《中国汉画学会第十届年会论文集》，武汉：湖北人民出版社，2006 年，220—224 页。

金爱秀：《南阳英庄汉画像石墓"斗鸡"图考辨》，载《农业考古》2012 年第 6 期，246—248 页。

金桂莲：《南阳汉画馆新收藏的散存汉代画像石汇存介绍》，载《中国汉画学会第十二届年会论文集》，郑州：中州古籍出版社，2010 年，275—278 页。

金桂莲、曾宪波：《南阳汉画中的建筑画像》，载《中国汉画学会第十届年会论文集》，武汉：湖北人民出版社，2006 年，251—254 页。

金桂莲、杜全山：《南阳汉画像石》，载《集邮博览》2008 年第 10 期，50—52 页。

鞠辉：《河南南阳陈棚汉代彩绘画像石墓两幅画像的考释》，载《大汉雄风——中国汉画学会第十一届年会论文集》，北京：高等教育出版社，2008 年，123—129 页。

李陈广：《南阳市散存的汉画像石选汇》，载《中原文物》1985 年第 3 期，43—50 页。

李陈广：《南阳汉画像河伯图试析》，载《中原文物》1986 年第 1 期，102—105 页。

李陈广：《南阳汉画像石墓题铭》，载《书法》1986 年第 3 期，38—39 页。

李陈广：《汉代面具的应用及影响》，载《中原文物》1987 年第 1 期，86—90 页。

李陈广：《汉画像中的跳丸》，载《南都学坛》1987 年第 2 期。

李陈广：《汉画龙的艺术》，载《南都学坛》1988 年第 4 期，82—88 页。

李陈广：《南阳汉画馆》，载《文物天地》1988 年第 4 期。

李陈广：《浅析汉画龙的艺术形象及其影响》，载《中原文物》1988 年第 4 期，77—80 页。

李陈广：《汉画像石“河伯出行图”》，载《中国文物报》1992 年 11 月 29 日。

李陈广：《张衡〈西京赋〉与汉画百戏》，载《南都学坛》1993 年第 1 期，78—85 页。

李陈广：《南阳汉代天文画像石概论》，载《南阳汉代天文画像石研究》，北京：民族出版社，1995 年，1—5 页。

李陈广、韩玉祥：《南阳汉画像石的发现与研究——纪念南阳汉画馆创建六十周年》，载《中原文物》1995 年第 3 期，1—7 页。

李陈广、韩玉祥等：《河南汉代体育活动》，载《南都学坛》1988 年第 4 期，10—13 页。

李陈广、金康：《南阳汉画像石研究述评》，载《南都学坛》1990 年第 5 期，5—9 页。

李陈广、魏仁华：《董作宾与南阳汉代画像石》，载《汉画学术文集》，郑州：河南美术出版社，1996 年，84—89 页。

李陈广等：《南阳汉代画像石墓分期研究》，载《中原文物》1998 年第 4 期。

李陈广等：《南阳汉代画像石艺术》，载《书与画》1991 年第 1 期。

李发林：《鲁迅先生收藏的汉代画像石拓片经眼录》，载《南阳师专学报》1986 年第 2 期。

李法惠：《南阳汉代的风俗文化》，载《汉文化研究》，开封：河南大学出版社，2004 年，305—326 页。

李国新：《群形契合的视觉乐章——南阳画像石〈舞乐百戏〉艺术形式浅析》，载《中国汉画学会第十届年会论文集》，武汉：湖北人民出版社，2006 年，379—381 页。

李国新等：《寓奇巧于平淡之中——南阳汉画像石艺术语言分析》，载《周口师范学院》2005 年第 3 期，113—115 页。

李宏：《南阳汉代画像石刻美学风格初探》，载《中原文物》1983 年特刊，154—157 页。

李宏：《楚辞与南阳汉画像石》，载《江汉考古》1987 年第 3 期，87-91 页。

李宏：《略谈南阳汉画像石刻的艺术构图》，载《南都学坛》1987 年第 3 期，61-63 页。

李建：《虎豹神略考》，载《南都学坛》1990 年第 5 期，26-27 页。

李建：《楚文化对南阳汉代画像石艺术发展的影响》，载《中原文物》1995 年第 3 期，21-24 页转 64 页。

李建：《从汉画看汉代天文学成就》，载《南阳汉代天文画像石研究》，北京：民族出版社，1995 年，94-96 页。

李建：《汉画中二龙交尾图略释》，载《文物春秋》1998 年第 1 期，28-29 页。

李建：《浅论汉画像石中动物形象造型技巧与艺术成就——以河南南阳汉画像石为例》，载《青年文学家》2010 年第 9 期，153 页转 158 页。

李建、金桂莲：《从汉画看汉代祈雨风俗》，载《中原文物》1996 年增刊。

李乐：《南阳汉代画像石刻中的乐器和乐队》，载《南都学坛》1988 年第 1 期，63-66 页转 37 页。

李明：《南阳汉画像石中虎的形象及其艺术风格》，载《消费导刊》2007 年第 10 期，229 页。

李荣有：《南阳出土汉墓音乐文物分类研究》，载《艺术学教育与科研》2000 年第 1 期。

李荣有：《南阳汉画中的音乐艺术表现形式》，载《南都学坛》2000 年第 5 期，8-9 页。

李荣有：《汉画中的纯器乐演奏图》，载《中原文物》2000 年第 5 期，40-42 页。

李荣有：《汉画中的纯器乐演奏图及其历史文化价值》，载《中国音乐》2000 年第 4 期，52-55 页。

李荣有：《南阳汉墓砖（石）画中的音乐艺术形象》，载《黄钟（武汉音乐学院学报）》2001 年第 4 期，29-34 页。

李荣有：《天人观念在南阳汉画乐舞文化场中的渗透》，载《中国汉画学会第十届年会论文集》，武汉：湖北人民出版社，2006 年，233-241 页。

李荣有：《民俗文化视野中的汉画乐舞艺术解读——以〈南阳汉代画像石墓〉为例》，载《黄钟（武汉音乐学院学报）》2009 年第 4 期，138-147 页。

李伟男：《浅析汉画中的三足乌》，载《文物春秋》1992 年第 2 期，69 转 68 页。

李伟男：《河南南阳新发现一块"耕耘图"画像石》，载《农业考古》1996 年第 1 期，36-37 页。

李伟男：《南阳汉画所反映的建筑装饰艺术》，载《南都学坛》2002 年第 5 期，7-10 页。

李伟男、李斌：《试析"羲和浴日"汉画像石》，载《汉画学术文集》，郑州：河南美术出版社，1996 年，186-188 页。

李小白：《南阳汉画像石"建木"等形象的文化意蕴》，载《南都学坛》2011 年第 6 期，30-32 页。

李小白：《南阳汉画像石的宇宙观念》，载《洛阳师范学院学报》2014 年第 9 期，28-31 页。

李英：《解读南阳汉画像石的档案学意义》，载《山西档案》2012 年第 1 期，44-47 页。

李英：《南阳汉画像石的档案学价值》，载《中原文物》2012 年第 1 期，67-71 页。

李幼馨：《南阳汉代画像石刻中的音乐艺术》，载《南都学坛》1992 年第 4 期，14-19 页。

李玉真：《汉代鼗鼓概说》，载《旗帜》，北京：中国文联出版社，2004 年。

李跃红：《山东嘉祥画像石与河南南阳画像石之比较研究》，载《装饰》2009 年第 10 期，122-124 页。

李允经：《鲁迅和南阳汉画像》，载《鲁迅研究动态》1985 年第 8 期，43-48 页。

李长周：《商丘画像石与南阳画像石艺术风格的异同》，载《南都学坛》2001 年增刊。

李真玉：《浅谈汉画中天文图像的人文特色》，载《南阳汉代天文画像石研究》，北京：民族出版社，1995 年，101-104 页。

李真玉：《试析汉画中的蟾蜍》，载《中原文物》1995 年第 3 期，34-37 页。

李真玉：《从汉画看门神的演变过程》，载《汉文化研究》，2004 年，298-304 页。

李真玉：《试析南阳汉画中的巫术》，载《中国汉画学会第十届年会论文集》，武汉：湖北人民出版社，2006 年，211-214 页。

李中强：《南阳汉画像石音乐内容之阐释》，载《洛阳大学学报》2004 年第 1 期，98-99 页。

李中雪：《南阳汉画像石中虎的形象艺术阐释》，载《中州大学学报》2004 年第 3 期，33-34 页。

梁哲、王安霞：《浅析南阳汉代画像石绘画艺术特点》，载《科技创新导报》2009 年第 14 期，217 页。

凌皆兵、王清建：《试析南阳汉画像石的艺术特色》，载《大汉雄风——中国汉画学会第十一届年会论文集》，北京：高等教育出版社，2008 年，555 页。

刘秉果：《汉代角抵戏与体育》，载《体育教学与科研》1985 年第 1 期。

刘翠：《南阳麒麟岗汉墓画像石造型艺术研究》，硕士论文，西安美术学院，2013 年。

刘道广：《汉代人的天象观和汉画天象图》，载《南阳汉代天文画像石研究》，北京：民族出版社，1995 年，32-38 页。

刘红玉：《南阳出土投壶汉画石赏析》，载《中原文物》2002 年第 5 期，82-83 页。

刘剑丽：《南阳汉画像石动物形象的文化意蕴》，载《南都学坛》2003 年第 6 期，17-18 页。

刘剑利：《南阳汉画像石人物形象艺术特征考释》，载《美术》2003 年第 11 期，93 页。

刘剑利：《南阳汉画像石刻动物形象艺术剖析》，载《装饰》2004 年第 8 期，66 页。

刘克：《从升仙画像石看儒道二学对汉代文化心理的影响》，载《宗教学研究》2003 年第 1 期，15-18 页。

刘克：《早期道教美学思想对汉画像石葬俗的影响》，载《重庆师范大学学报》2004 年第 4 期，82-86 页。

刘兰云、葛松峰：《南阳汉画像中动物题材的初步研究》，载《中国汉画学会第十届年会论文集》，武汉：湖北人民出版社，2006 年，215-219 页。

刘立伟：《关于南阳汉代画像石艺术若干问题研究》，硕士论文，福建师范大学，2008 年。

刘立伟：《浅议南阳汉画像石中的人物形象造型》，载《青年文学家》2011 年第 16 期，120 页。

刘梦溪：《南阳召开汉画像与古代体育研讨会》，载《中国文物报》1991 年 12 月 15 日。

刘牧原：《论南阳汉画像石的线条运用》，载《戏剧之家（上半月）》2013 年第 7 期，357 页。

刘世声：《南阳汉代画像石（砖）的艺术价值与视觉效应》，载《郑州大学学报（哲学社会科学版）》2008 年第 6 期，168-169 页。

刘帅：《南阳汉画像石中的汉代音乐艺术启示》，载《大众文艺》2011 年第 13 期，12-13 页。

刘太雷：《南阳汉画像石构图形式考》，载《美术》2006 年第 12 期，130-131 页。

刘太祥：《汉代画像石研究综述》，载《南都学坛》2002 年第 3 期，8-18 页。

刘文昌：《从南阳汉画像看汉代声乐文化》，载《史学月刊》1998 年第 5 期，113-115 页。

刘霞：《从鎏金铜樽看汉代羽化升仙思想》，载《中国汉画学会第十届年会论文集》，武汉：湖北人民出版社，2006 年，37-40 页。

刘小磊、鞠辉：《南阳陈棚汉代彩绘画像石墓三幅画像的考析》，载《中国汉画学会第十三届年会论文集》，郑州：中州古籍出版社，2011 年，360-364 页。

刘小蓉：《南阳汉画像石的艺术表现形式》，载《湛江师范学院学报》2010 年第 2 期，157-159 页。

刘新、张方、宋海富：《从"中耕图"看南阳汉代铁农具》，载《江汉考古》1999 年第 1 期，75-65 页。

刘新等：《南阳发现"耕耘"画像石》，载《汉画学术文集》，郑州：河南美术出版社，1996 年，292-296 页。

刘兴怀、闪修山：《南阳汉代墓门画艺术》，上海：百家出版社，1989 年。

刘兴怀：《南阳汉墓门神浅说》，载《美术研究》1990 年第 1 期，50-53 页。

刘兴长：《南阳市积极收集汉代石刻画像》，载《文物参考资料》1957 年第 9 期，80 页。

刘阳：《从南阳汉画看楚文化对汉代乐舞的影响》，载《中国高等教育研究》2001 年第 2 期。

刘莹：《初探南阳麒麟岗汉画像石墓祥瑞图像》，载《大众文艺》2012 年第 19 期，27-28 页。

刘玉生：《浅谈"胡奴门"汉画像石》，载《汉代画像石研究》，北京：文物出版社，1987 年，286-288 页。

刘玉生：《"秘戏"汉画像石管窥》，载《中原文物》1996 年特刊。

刘玉生：《汉画像中"犀兕"管窥》，载《中原文物》1996 年特刊。

刘玉生、王卫国：《贿赂图与西门豹治邺图辨》，载《中原文物》1995 年第 3 期，15-16 页转 14 页。

刘玉生、王卫国：《土伯新探》，载《楚文化研究论集（第四集）》，郑州：河南人民出版社，1994 年，628-636 页。

刘云峰：《从南阳石刻画像看汉代的乐舞百戏》，载《河南戏剧》1983 年第 4 期。

刘增杰：《鲁迅对南阳石刻画像的搜集与整理》，载《鲁迅与河南》，郑州：河南人民出版社，1981 年，109-114 页。

柳玉东、逯爱英：《论南阳汉画像石艺术对南北朝南阳雕塑艺术的影响》，载《汉文化研究》，开封：河南大学出版社，2004 年，221-227 页。

柳玉东、魏旭东：《〈讲经图〉与汉代教师地位》，载《汉画学术文集》，郑州：河南美术出版社，1996 年，235-242 页。

龙中：《略谈汉代角抵戏》，载《南阳师专学报》1983 年第 1 期，99-100 页转 78 页。

鲁开阳：《孙文青藏南阳汉画像石拓片概述》，载《美与时代》2003 年第 6 期，30-31 页。

鲁力：《浅谈河南南阳汉代画像石刻》，载《文博通讯》1983 年第 3 期。

逯爱英、柳玉东：《南阳汉画像石艺术对南北朝雕塑的影响》，载《文史知识》2009 年第 6 期，58-62 页。

罗松晨、王春玲：《从汉画看汉代吉祥文化》，载《汉画学术文集》，郑州：河南美术出版社，1996 年，268-279 页。

罗亚琳：《南阳唐河针织厂汉墓画像石研究》，硕士论文，中央美术学院，2007 年。

吕品：《河南南阳汉画像石中的动物形象》，载《考古与文物》1980 年第 4 期。

吕品、周到：《河南汉画中的杂技艺术》，载《中原文物》1984 年第 2 期，32-36 页。

马豪放：《论南阳汉代画像石的独创艺术》，载《美育时代》2004 年第 6 期，55-56 页。

马豪放：《寓刚健于婀娜，行劲遒于婉媚——论南阳汉代画像石的艺术特征》，载《郑州轻工业学院学报》2004 年第 4 期，79-80 页。

马豪放：《浅谈南阳汉代画像石中"牛"的艺术形象》，载《电影评介》2009 年第 1 期，87-88 页。

马骥：《南阳汉画像石中车的选介》，载《大汉雄风——中国汉画学会第十一届年会论文集》北京：高等教育出版社，2008 年，252-257 页。

马骥：《南阳汉画像石中的天文星座图》，载《中国汉画学会第十三届年会论文集》，郑州：中州古籍出版社，2011 年，132-135 页。

马俊乾：《孙文青与南阳汉画像石》，载《河南文史资料》1988 年第 25 期，90-95 页。

马紫晨：《两汉时期的河南杂技》，载《中州今古》1985 年第 5 期。

孟兰：《南阳汉代门亭画像石（砖）艺术价值初探》，载《美与时代（上）》2010 年第 10 期，51-52 页。

米冠军等：《南阳汉代武术画像石试析》，载《中原文物》1998 年第 3 期，67-72 页。

南波：《南阳汉画》，载《中州学刊》1983 年第 5 期，2 页。

南阳博物馆：《南阳专署和市、县清理一座汉代画像石墓》，载《文物参考资料》1956 年第 12 期，77-78 页。

南阳博物馆：《河南南阳军帐营汉画像石墓》，载《考古与文物》1982 年第 1 期，40-43 页。

南阳博物馆：《河南南阳石桥汉画像石墓》，载《考古与文物》1982 年第 1 期，33-39 页。

南阳博物馆：《河南南阳英庄汉画像石墓》，载《中原文物》1983 年第 3 期，25-37 页。

南阳地区文化局考古队等：《唐河县新店发现一座有纪年的汉画像石墓》，载《河南文博通讯》1978 年第 3 期，25-27 页。

南阳地区文物队：《方城党庄汉画像石墓——兼谈南阳汉画像石墓的衰亡问题》，载《中原文物》1986 年第 2 期，45-51 页。

南阳地区文物队等：《河南唐河县石灰窑村画像石墓》，载《文物》1982 年第 5 期，79-83 页。

南阳地区文物队等：《唐河汉郁平大尹冯君孺人画像石墓》，载《考古学报》1980 年第 2 期，239-262 页。

南阳地区文物工作队等：《河南方城县城关镇汉画像石墓》，载《文物》1984 年第 3 期，38-46 页。

南阳地区文物工作队等：《河南南阳县英庄汉画像石墓》，载《文物》1984 年第 3 期，101-105 页。

南阳地区文物工作队等：《唐河县湖阳镇汉画像石墓清理简报》，载《中原文物》1985 年第 3 期，8–13 页。

南阳地区文物工作队等：《唐河县针织厂二号汉画像石墓》，载《中原文物》1985 年第 3 期，14–20 页。

南阳地区文物工作队等：《新野县前高庙村汉画像石墓》，载《中原文物》1985 年第 3 期，3–7 页。

南阳地区文物工作队等：《河南南阳县十里铺画像石墓》，载《文物》1986 年第 4 期，48–63 页。

南阳地区文物研究所：《河南南阳县蒲山汉墓的发掘》，载《华夏考古》1991 年第 4 期，20–30 页。

南阳汉代画像石编辑委员会编《南阳汉代画像石》，北京：文物出版社，1985 年。

南阳汉画馆：《南阳汉代画像石刻（续编）》，上海：上海人民美术出版社，1988 年。

南阳汉画馆：《南阳汉代天文画像石研究》，北京：民族出版社，1995 年。

南阳汉画馆：《南阳草店汉画像石墓》，载《南阳汉代画像石墓》，郑州：河南美术出版社，1998 年，84–87 页。

南阳汉画馆：《南阳汉代画像石墓》，郑州：河南美术出版社，1998 年。

南阳汉画馆：《南阳市第二化工厂三十号汉画像石墓》，载《南阳汉代画像石墓》，郑州：河南美术出版社，1998 年，163–166 页。

南阳汉画馆：《南阳市麒麟岗汉画像石墓》，载《南阳汉代画像石墓》，郑州：河南美术出版社，1998 年，135–158 页。

南阳汉画馆：《南阳县高庙汉画像石墓》，载《南阳汉代画像石墓》，郑州：河南美术出版社，1998 年，184–191 页。

南阳汉画馆：《南阳汉代画像石精萃》，郑州：河南美术出版社，2005 年。

南阳市博物馆：《南阳发现东汉许阿瞿墓志画像石》，载《文物》1974 年第 8 期，73–75 页转 41 页。

南阳市博物馆：《南阳县王寨汉画像石墓》，载《中原文物》1982 年第 1 期，12–16 页。

南阳市博物馆：《南阳县赵寨砖瓦厂汉画像石墓》，载《中原文物》1982 年第 1 期，1–4 页。

南阳市博物馆：《南阳市独山西坡汉画像石墓》，载《中原文物》1985 年第 3 期，36–39 页。

南阳市博物馆：《南阳市建材试验厂汉画像石墓》，载《中原文物》1985 年第 3 期，21–25 页。

南阳市博物馆：《南阳市王庄汉画像石墓》，载《中原文物》1985 年第 3 期，26–35 页。

南阳市博物馆等：《河南方城东关汉画像石墓》，载《文物》1980 年第 3 期，69–72 页。

南阳市古代建筑保护研究所：《河南南阳桑园路东汉画像石墓》，载《文物》2003 年第 4 期，71–77 页。

南阳市文物队：《南阳市刘洼村汉画像石墓》，载《中原文物》1991 年第 3 期，107–111 页。

南阳市文物工作队：《南阳市第二化工厂 21 号画像石墓发掘简报》，载《中原文物》1993 年第 1 期，77–81 页。

南阳市文物工作队：《南阳市药材市场画像石墓发掘简报》，载《中原文物》1994 年第 1 期，96–100 页。

南阳市文物工作队：《南阳市邢营画像石墓发掘报告》，载《中原文物》1996 年第 1 期，108–117 页。

南阳市文物考古研究所：《河南南阳市安居新村汉画像石墓》，载《考古》2005 年第 8 期，27–33 页。

南阳市文物研究所：《河南省邓州市梁寨汉画像石墓》，载《中原文物》1996 年第 3 期，1–7 页。

南阳市文物研究所：《河南省南阳市十里铺二号画像石墓》，载《中原文物》1996 年第 3 期，18–21 页转 46 页。

南阳市文物研究所：《河南省南阳县辛店乡熊营画像石墓》，载《中原文物》1996 年第 3 期，8–17 页。

南阳市文物研究所：《桐柏县安棚画像石墓》，载《中原文物》1996 年第 3 期，22–25 页。

南阳市文物研究所：《南阳市妇幼保健院东晋墓》，载《中原文物》1997 年第 4 期，56–63 页。

南阳市文物研究所：《河南省南阳蒲山二号汉画像石墓》，载《中原文物》1997 年第 4 期，48–55 页。

南阳市文物研究所：《南阳中建七局机械厂汉画像石墓》，载《中原文物》1997 年第 4 期，35–47 页。

南阳市文物研究所等：《河南唐河白庄画像石墓》，载《中原文物》1997 年第 4 期，30–34 页。

牛耕：《汉代画像中的音乐神形象》，载《中原文物》1988 年第 3 期，58–61 页。

牛耕：《试析汉画中的〈雷神出行图〉》，载《南都学坛》1990 年第 5 期，15–19 页。

牛耕：《汉画像石中的"风雨图"》，载《中国文物报》1992 年 11 月 29 日。

牛耕等：《"蹴鞠"画像考辨》，载《中原文物》1996 年增刊（汉代画像石砖研究）。

牛天伟：《试论汉画中的北斗星画像》，载《汉画学术文集》，郑州：河南美术出版社，1996 年，128–134 页。

牛天伟：《汉画中的方相氏形象探源》，载《社科理论与实践》，北京：中国致公出版社，2000 年。

牛天伟：《试论汉画中的鱼及其文化内涵》，载《汉文化研究》，开封：河南大学出版社，2004 年，134-152 页。

牛天伟：《鲁迅藏南阳汉画像中的独角神兽考》，载《鲁迅研究月刊》2005 年第 8 期，92-94 页。

牛天伟、郭瑞华：《大螺·三头神画像考释》，载《博物馆学论丛》，郑州：中州古籍出版社，2003 年。

牛天伟、李书谦：《从汉画看古代雷神形象的演变》，载《三门峡考古文集》，香港：中国档案出版社，2001 年。

牛天伟、李真玉：《浅析汉画中的酒文化》，载《南都学坛》2000 年第 3 期，8-11 页。

牛天伟等：《南阳汉画像石又有新发现》，载《中国文物报》1991 年 9 月 22 日。

牛向阳：《汉画掇英——南阳麒麟岗汉画像石墓仕女画像艺术赏析》，载《美与时代》2006 年第 5 期，34-35 页。

牛向阳：《南阳麒麟岗汉画像石墓祥瑞画像造型图考》，载《农业考古》2011 年第 4 期，24-29 页转 44 页。

潘强：《汉代南阳画像石刻艺术探微》，载《连云港师范高等专科学校学报》2005 年第 2 期，60-61 页。

庞国华：《南阳汉画像石欣赏次序的设计》，载《艺术界》2001 年第 6 期。

庞国华：《南阳汉画像石装饰性特征中的空间语言分析》，载《装饰》2012 年第 6 期，69-71 页。

彭俐：《汉画像石与北京奥运》，载《中外文化交流》2004 年第 3 期。

彭洋云、张文华：《痴迷汉画像石的吕风林》，载《中州统战》2003 年第 4 期，22-23 页。

平苹：《南阳汉代画像石艺术题材述论》，载《西北成人教育学报》2009 年第 5 期，29-30 页。

平生：《投壶、朴和执金吾》，载《文物天地》1988 年第 4 期。

乔宝同、苏磊：《汉画像石中太阳的形象及其所反映的社会意识》，载《中原文物》1996 年增刊。

乔保同、王凤剑、柴中庆、马骥、张海滨、王明景、郭照川：《河南南阳市八一路汉代画像石墓》，载《考古》2012 年第 6 期，14-25 页。

乔保同等：《南阳汉画与构图》，载《南都学坛》2001 增刊。

邱京京：《南阳汉画像石艺术作为美术校本课程的可行性分析》，载《美术大观》2014 年第 2 期，149 页。

群言：《南阳师专汉代画像石研究室成立》，载《南阳师专学报》1985 年第 2 期，55 页。

群言：《首次全国汉代画像石学术讨论会在南阳召开》，载《南阳师专学报》1985 年第 2 期，42 页。

仁华、旭东：《汉画拥彗管见》，载《中原文物》1995 年第 3 期，8-14 页。

任积太、王付彤：《一幅"驱邪祈福图"考》，载《南都学坛》1989 年第 2 期，16-19 页。

任积太、王付彤：《一幅罕见的祈子图》，载《南都学坛》，1989 年第 2 期，22 页。

任义玲、李桂阁：《浅谈南阳汉画中的犬》，载《汉画学术文集》，郑州：河南美术出版社，1996 年，230-234 页。

任义玲：《南阳汉画中的外来文化探析》，载《中国汉画学会第十届年会论文集》，武汉：湖北人民出版社，2006 年，255-259 页。

容媛：《南阳汉画象汇存（评介）》，载《燕京学报》1938 年第 23 期，315-316 页。

闪修山：《南阳汉画像中的投壶》，载《体育报》1979 年 8 月 3 日。

闪修山：《南阳汉画像石刻掠影》，载《光明日报》1983 年 10 月 1 日。

闪修山：《南阳汉画馆三次修建述略》，载《河南文史资料》1984 年第 12 期，90-94 页。

闪修山：《南阳汉画中的门画艺术》，载《中原文物》1985 年第 3 期，66-70 页。

闪修山：《名人与南阳汉画》，载《旅行家》1985 年第 12 期。

闪修山：《汉郁平大尹冯君孺人画像石墓研究补遗》，载《中原文物》1991 年第 3 期，75-79 页。

闪修山、李陈广：《南阳汉画馆新馆及画像石陈列的构思》，载《汉画学术文集》，郑州：河南美术出版社，1996 年，119-127 页。

闪修山、王儒林等：《南阳汉画像石》，郑州：河南美术出版社，1989 年。

闪修山等：《南阳汉代画像石刻》，上海：上海人民美术出版社，1981 年。

闪修山等：《南阳汉画像石收藏保管与沿革》，载《南都学坛》1987 年第 4 期，60-66 页。

闪秀桂：《南阳汉画与教学简笔画》，载《南都学坛》1996 年第 1 期，16-18 页。

闪秀桂：《论南阳汉代画像石的构图特色》，载《装饰》2006 年第 9 期，25 页。

尚勇：《论南阳汉画像石的造型语言》，载《电影评介》2006 年第 19 期，69-70 页。

石飞：《'93 中国南阳汉代画像石（砖）国际学术讨论会综述》，载《美术研究》1994 年第 2 期，3 页。

石红艳：《南阳汉代画像石邮票首发式在南阳汉画馆举行》，载《中国博物馆通讯》1999 年第 5 期。

史国强：《南阳汉画中"嫦娥奔月"图像商榷》，载《考古与文物》1983 年第 3 期，78-79 页。

司马连竹：《南阳汉画像石中首次发现"牛车"有学者初步推断其为"刘邦弃子图"》，载《南阳日报》2012 年 12 月 7 日。

宋广伟：《南阳与山东汉画像石艺术风格》，载《南都学坛》1994 年第 5 期，12-16 页。

宋华：《南阳汉画像石（砖）中的射箭活动》，载《中原文物》2013 年第 4 期，93-97 页。

孙保瑞：《简析汉画像石刻的视觉构成》，载《汉文化研究》，开封：河南大学出版社，2004 年，177-183 页。

孙次舟：《论南阳汉画像石的乐舞——驳滕固先生》，载《历史与考古》1937 年第 3 期，9-14 页。

孙广清：《河南汉代画像石的分布与区域类型》，载《考古学报》1991 年第 3 期，100-111 页转 99 页。

孙鹏：《从南阳地区画像石看谶纬中的神话结构》，硕士论文，河北大学，2009 年。

孙世文：《汉代角抵初探——对汉画像石中的角抵戏的考察》，载《东北师大学报》1984 年第 4 期，67-71 页。

孙团结：《人文精神之荟萃，艺术瑰宝之长廊——馆藏南阳汉画像石拓片展概览》，载《西北美术》1999 年第 3 期，54-56 页。

孙文青：《南阳汉墓中的星象及斗兽图》，载《科学画报》1933 年第十卷第十期，389 页。

孙文青：《南阳草店汉墓享堂画象记》，载《国闻周报》第十卷第四十一期，1933 年，1-2 页。

孙文青：《南阳汉画象访拓记》，载《金陵学报》1934 年第四卷第二期，157-182 页。

孙文青：《南阳汉画象汇存》，南京：金陵大学中国文化研究所，1937 年。

孙文青：《南阳草店汉墓画像集》，赊镇：雨湘图书馆，1944 年。

孙文青：《南阳草店汉墓画像发现记》，载《河南文史资料》1988 年第 25 期，99-102 页。

孙绪静：《浅谈南阳汉画像石中虎的形象》，载《山西财经大学学报（高等教育版）》2006 年第 1 期，175-176 页。

孙绪静：《浅探南阳汉画像石中四神之虎》，载《科学之友（B 版）》2008 年第 1 期，98-99 页。

孙绪静：《虎年释虎——南阳汉画像石中虎形象浅探》，载《文物世界》2010 年第 1 期，71-74 页。

孙怡村：《从南阳汉画看汉代崇尚名节之风》，载《汉画学术文集》，郑州：河南美术出版社，1996 年，225-229 页。

孙怡村：《浅谈汉画像石与汉代"天人合一"思想》，载《南都学坛》1999 年第 4 期，10-11 页。

孙怡村：《南阳汉画像石的美学意蕴》，载《南都学坛》2000 年第 4 期，9-10 页。

孙怡村：《有意味的形式——试谈汉画中的菱形连（穿）环图案》，载《汉文化研究》，开封：河南大学出版社，2004 年，153-159 页。

孙怡村：《浅析南阳汉画像石天文图像之功能》，载《中国汉画学会第十届年会论文集》，武汉：湖北人民出版社，2006 年，260-266 页。

孙怡村、郝枫：《略谈"南阳汉画像石刻展览"的陈列设计特色》，载《博物馆学论丛（五）》，郑州：中州古籍出版社，2003 年。

孙照金：《论南阳汉画像石的三大艺术特征：现实主义、浪漫主义、象征主义》，载《美术》2005 年第 7 期，124-127 页。

孙照金：《南阳汉代雕塑天禄、辟邪的艺术特色》，载《中原文物》2005 年第 4 期，43-45 页。

孙照金：《南阳汉画像石的构图美学》，载《南都学坛》2005 年第 5 期，16-17 页。

孙照金：《人性的神庙——南阳汉画像石的神话世界》，载《信阳师范学院学报》2005 年第 4 期，61-63 页。

孙照金：《南阳汉画像石艺术风格摭谈》，载《美术观察》2006 年第 2 期，100 页。

孙重恩：《伏羲女娲考》，载《中原文物》1983 年特刊，114-117 页。

孙重恩：《浅论升仙汉画》，载《汉代画像石研究》，北京：文物出版社，1987 年，260-265 页。

谭淑琴：《汉画"聂政自屠"应为"伍子胥自刎"》，载《河南文物考古论集（二）》，郑州：中州古籍出版社，2000 年，278-281 页。

唐建中：《南阳汉代画像石刻对动物装饰教学的现实意义》，载《艺术教育》2005 年第 5 期，155 转 121 页。

唐新：《南阳汉代画像石艺术》，载《收藏》2010 年第 11 期，100-105 页。

滕固：《南阳汉画石刻之历史的及风格的考察》，载《张菊生先生七十岁生日纪念论文集》1937 年，483-503 页。

王安霞、赵艳霞：《浅析南阳汉画像石、砖艺术风格之差异》，载《中共郑州市委党校学报》2008 年第 5 期，141-142 页。

王峰：《南阳汉画像石中的巫文化现象》，载《南都学坛》2005 年第 5 期，18-20 页。

王付彤、同人：《南阳汉画两图试解》，载《南都学坛》1990 年第 1 期，15-17 页。

王付彤等：《"嫦娥奔月"质疑与再考——与有关南阳汉画的三本书著者商榷》，载《南都学坛》1988 年第 3 期，78-80 页。

王歌莺：《略述南阳杨官寺汉画像石墓的建筑艺术》，载《中原文物》1996 年增刊。

王佳：《南阳汉画像石艺术微探》，载《牡丹江师范学院学报（哲学社会科学版）》2011 年第 2 期，138–139 页。

王建中：《鲁迅与南阳汉画像石艺术》，载《中原文物》1981 年特刊。

王建中：《专家学者云集南阳讨论汉画》，载《文物报》1985 年 11 月 30 日。

王建中：《试论汉画像石墓的起源——兼谈南阳汉画像石墓出现的年代》，载《汉代画像石研究》，北京：文物出版社，1987 年，1–11 页。

王建中：《南阳市赵（周）寨"羽人升仙"画像石考——兼论南阳汉画像石墓产生的年代》，载《中原文物》1996 年增刊。

王建中、闪修山：《南阳两汉画像石》，北京：文物出版社，1990 年。

王建中等：《南阳汉代画像石三图释证》，载《汉代画像石研究》，北京：文物出版社，1987 年，280–285 页。

王今栋：《中国美术史上的一次飞跃——南阳汉代画像石研究》，载《中原文物》1983 年特刊，144–149 页转 87 页。

王今栋：《南阳汉画像石研究》，载《美术》1984 年第 3 期，58–61 页转 7 页。

王今栋：《南阳汉画像与古代神话》，载《美术史论》1988 年第 4 期。

王娟：《厚葬的殇者，驱祟的仪式——南阳许阿瞿画像石墓个案研究》，载《河南科技大学学报（社会科学版）》2013 年第 6 期，22–24 页。

王军校：《河南南阳唐河汉郁平大尹墓室碑刻及书法价值探析》，载《华中师范大学学报（人文社会科学版）》2014 年第 S3 期，177–180 页。

王兰珍：《探析南阳汉画像石视觉图像的艺术风格》，载《艺术与设计（理论）》2013 年第 Z1 期，137–139 页。

王丽：《南阳汉代天文画像石浅析》，载《南都学坛》2001 年增刊。

王丽：《南阳汉画像石中的建筑选介》，载《大汉雄风——中国汉画学会第十一届年会论文集》，北京：高等教育出版社，2008 年，281–284 页。

王良启：《南阳汉代画像石的艺术风格》，载《汉代画像石研究》，北京：文物出版社，1987 年，82–92 页。

王孟秋：《南阳画像石中乐舞研究》，载《时代教育（教育教学）》2011 年第 7 期，19–20 页。

王明丽、牛天伟：《从汉画看古代雷神形象的演变》，载《中原文物》2002 年第 4 期，55–59 页。

王明丽：《汉代角抵表演在南阳汉画像石中的艺术表现》，载《南阳理工学院学报》2010年第5期，52-54页。

王明丽：《汉代角抵表演在南阳汉画像石中的艺术表现》，载《中国汉画学会第十二届年会论文集》，郑州：中州古籍出版社，2010年，183-184页。

王楠：《浅论南阳汉画像石与篆刻的艺术风格》，载《安阳师范学院学报》2005年第3期，85-86页。

王楠：《南阳汉画像石的"祥瑞"装饰艺术》，载《河南大学学报（社会科学版）》2006年第6期，173-176页。

王齐星：《汉代画像石"后羿射日"的构图艺术》，载《南阳师专学报》1986年第1期，72页。

王强：《从汉画看汉代服饰》，载《南都学坛》1999年第5期，7-9页。

王强：《从南阳汉画像石说牛》，载《中国牛业科学》2008年第5期，6-10页。

王强：《从汉画看汉代南阳建筑风格和特征》，载《西安建筑科技大学学报》2009年第1期，59-65页。

王强、杨莉：《试析南阳汉画中的舞蹈造型》，载《中国汉画学会第十届年会论文集》，武汉：湖北人民出版社，2006年，202-205页。

王清建：《论汉画中的玄武形象》，载《中原文物》1995年第3期，38-39页转118页。

王清建：《略论南阳汉画升仙辟邪中的楚文化因素》，载《中原文物》1996年增刊。

王清建、石红艳：《南阳汉画像石的艺术特色》，载《南都学坛》2001年增刊。

王清建等：《河南南阳汉代画像石中的民俗初探》，载《南都学坛》2001年第1期，8-13页。

王儒林：《河南南阳西关一座古墓中的汉画像石》，载《考古》1964年第8期，424-426页。

王儒林：《河南南阳市发现汉墓》，载《考古》1966年第2期，108-110页。

王蕊：《以神写形、以形传神——论南阳汉画像砖石图案审美艺术》，载《南都学坛》2003年第3期，11-12页。

王蕊：《南阳汉画像石乐舞题材的双向审美效应》，载《南都学坛》2004年第3期，16-18页。

王蕊：《南阳汉画像砖石艺术形象构成文化内涵》，载《汉文化研究》，开封：河南大学出版社，2004年，215-220页。

王升平：《南阳陈棚汉墓受损彩绘画像石修复保护技术探讨》，载《中国汉画学会第十三届年会论文集》，郑州：中州古籍出版社，2011年，589-593页。

王爽：《南阳汉画像石的线条及其运用特点》，载《美与时代（上）》2012年第3期，52—54页。

王爽：《南阳汉画像石的类型及其艺术特征》，载《大舞台》2013年第3期，112—113页。

王四朋：《象外之音：南阳汉画像石听觉因素的视觉表现形式》，载《南都学坛》2010年第4期，24—27页。

王松阳：《从南阳汉画像石中看汉代乐舞艺术发展的变迁》，载《重庆科技学院学报（社会科学版）》2011年第14期，146—147页。

王伟：《南阳汉画像石民俗文化内涵解读》，载《黑龙江史志》2013年第13期，282页转285页。

王蔚波：《汉画像中的"玉兔捣药"》，载《中州今古》1987年第1期，45页。

王晓丽：《南阳汉画像石的民族艺术风格》，载《信阳师范学院学报（哲学社会科学版）》2006年第4期，79—81页。

王笑山：《南阳汉画像石与十八罗汉的收存经过》，载《河南文史资料》1984年第12期，95—101页。

王秀华：《浅谈南阳汉画像石与现代绘画艺术》，载《美与时代（上）》2012年第10期，47—49页。

王秀华：《关于南阳汉画像石艺术资源传承的思考》，载《美与时代（上）》2013年第1期，48—49页。

王玉金：《试析南阳汉画中熊的形象》，载《南都学坛》1990年第4期，9—12页。

王玉金：《从南阳汉画看汉代的等级制度》，载《南都学坛》1993年第1期，9—12页。

王玉金：《南阳新出大量汉画像石》，载《中国文物报》1993年3月14日。

王玉金：《浅论南阳汉画像石在汉代天文学研究中的价值》，载《南阳汉代天文画像石研究》，北京：民族出版社，1995年，89—93页。

王玉金：《试析南阳汉画中的农业图像》，载《农业考古》1995年第1期，103—108页。

王玉金：《试析楚文化对南阳汉画的影响》，载《汉画学术文集》，郑州：河南美术出版社，1996年，204—215页。

王玉金：《南阳汉画与汉史研究》，载《南都学坛》1999年第1期，7—12页。

王玉金：《从汉画看汉代辟邪风俗》，载《民俗研究》2000年第2期，89—100页。

王玉金：《论南阳汉画中的舞乐百戏艺术》，载《南阳教育学院学报》2001年第3期。

王玉金：《试论汉画中的民风民俗》，载《汉文化研究》，开封：河南大学出版社，2004年，327—355页。

王玉金：《从汉画看楚俗在汉代的延续及其影响》，载《江汉考古》2004 年第 2 期，78-82 页。

王玉金、李建：《河南南阳汉画与汉代谶纬迷信思想》，载《南都学坛》1994 年第 5 期，6-11 页。

王玉金、王清建：《浅论汉画中的升仙工具》，载《南都学坛》1990 年第 5 期，22-25 页。

王子今：《汉代的斗兽和驯兽》，载《人文杂志》1982 年第 5 期，75-79 页。

魏琪：《浅谈南阳汉画像石艺术的楚文化浪漫情怀》，载《美术教育研究》2014 年第 7 期，51-52 页。

魏仁华：《南阳汉画像石中的足球戏》，载《体育报》1979 年 7 月 20 日。

魏仁华：《南阳汉画中的博击图试析》，载《中原文物》1983 年特刊，134-135 页。

魏仁华：《试析南阳汉画像石中的幻日图像》，载《中原文物》1985 年第 3 期，63-65 页。

魏仁华：《唐河针织厂汉画像石墓中的天象图》，载《汉代画像石研究》，北京：文物出版社，1987 年，173-179 页。

魏忠策等：《南阳汉画像石砖几何学应用浅见》，载《中原文物》1995 年第 2 期，76-82 页。

文物图像研究室汉代拓本整理小组：《"中央研究院"历史语言研究所藏汉代石刻画象拓本目录》，台北："中央研究院"历史语言研究所，2002 年。

文亚楠、李犁：《南阳汉画浪漫美的解读》，载《美术向导》2013 年第 6 期，56-59 页。

文永杰：《南阳汉画像石中的平面构成艺术》，载《美与时代》2006 年第 11 期，56-57 页。

吴曾德：《"四灵"浅论》，载《郑州大学学报》1981 年第 4 期，91-99 页。

吴曾德：《投壶趣谈》，载《文史知识》1983 年第 8 期。

吴曾德：《再论南阳汉代画像石之艺术渊源》，载《汉代画像石研究》，北京：文物出版社，1987 年，75-81 页。

吴曾德、周到：《南阳汉画像石中的神话与天文》，载《郑州大学学报》1978 年第 4 期，79-88 页。

吴曾德等：《漫谈南阳汉画像石中的角抵戏》，载《郑州大学学报》1979 年第 2 期，76-77 页。

吴曾德等：《就大型汉代画像石墓的形制论"汉制"》，载《中原文物》1985 年第 3 期，55-62 页。

吴迪：《南阳汉代画像石中的体育活动》，载《中原文物》2012 年第 5 期，104-108 页。

吴慎：《南阳地区汉画像石保护研究》，硕士论文，郑州大学，2013 年。

项晓乐：《论南阳东汉画像石艺术的特色》，载《大舞台》2013 年第 4 期，86-87 页。

肖亢达：《汉代南阳郡与南阳汉画像石墓》，载《汉代画像石研究》，北京：文物出版社，1987 年，32-44 页。

萧亢达：《就汉代画像石谈楚文化的继承性》，载《江汉考古》1989 年第 3 期，30–37 页。

谢敬鹏：《南阳汉画像石的"气韵"之美》，载《南都学坛》2013 年第 4 期，24–25 页。

信立祥：《汉画像石的分区与分期研究·三·南阳·鄂北区汉画像石的分期》，载《考古类型学的理论与实践》，北京：文物出版社，1989 年，251–261 页。

兴山：《一部绣像汉代史——南阳汉代画像石》，载《中国文化报》1988 年 12 月 7 日。

徐建国、杨旭：《从南阳汉画说秦汉建筑构件的装饰》，载《汉画学术文集》，郑州：河南美术出版社，1996 年，106–112 页。

徐凯歌：《南阳汉画像石的文化内涵及装饰特点研究》，载《牡丹江师范学院学报（哲学社会科学版）》2013 年第 1 期，76–77 页。

徐凯歌：《南阳汉画像石装饰特点及在现代平面设计中的应用》，载《大众文艺》2014 年第 11 期，101–102 页。

徐丽娟：《略论南阳汉画像石中的人物形象》，载《汉文化研究》，开封：河南大学出版社，2004 年，184–196 页。

徐丽娟：《南阳汉画像石中的人物艺术特征》，载《南都学坛》2005 年第 2 期，19–21 页。

徐凌等：《阴阳思想在汉代画像石上的表现》，载《南都学坛》2002 年第 2 期，10–12 页。

徐森：《浅谈南阳汉画像石的历史渊源及艺术特点》，载《文学界（理论版）》2011 年第 1 期，227 页转 229 页。

徐颖：《从南阳汉画看汉代民族关系》，载《汉画学术文集》，郑州：河南美术出版社，1996 年，249–255 页。

徐颖：《南阳汉代画像石"生产劳动"题材的特点及成因》，载《中国汉画学会第十届年会论文集》，武汉：湖北人民出版社，2006 年，246–250 页。

徐颖：《南阳汉代彩绘画像石墓的特点及色彩的象征意义》，载《中原文物》2013 年第 5 期，56–60 页转 110 页。

徐永斌：《南阳汉画图像的构图形式》，载《南都学坛》2003 年第 4 期，15–16 页。

徐永斌：《浅论南阳汉画像石的艺术地位》，载《美术大观》2006 年第 8 期，61 页。

徐永斌：《汉代南阳冶铁工艺的发展与画像石的雕刻》，载《南都学坛》2008 年第 6 期，21–23 页。

徐永斌：《论南阳汉画像石中的肌理构成》，载《美术大观》2008 年第 9 期，62–63 页。

徐永斌：《略谈南阳汉画像石》，载《美术观察》2008 年第 9 期，117 页。

徐永斌：《从汉代画像石看汉代南阳文化的繁荣》，载《时代文学（双月上半月）》2009 年第 2 期，155-157 页。

徐永斌：《南阳汉画像石的发展与分期》，载《中原文物》2009 年第 1 期，52-55 页转 72 页。

徐永斌：《南阳汉画像石图像早期演变艺术特色》，载《美术观察》2009 年第 4 期，142-143 页。

徐玉玲：《南阳汉画像石中的动物肖形研究》，硕士论文，山东大学，2012 年。

薛保华：《南阳汉画像石艺术特点探析》，载《大众文艺》2012 年第 2 期，53-54 页。

严屏、陈向峰：《南阳汉画像石的符号化造型分析》，载《艺术与设计（理论）》2011 年第 4 期，269-271 页。

杨刚：《南阳汉代画像石神仙祥瑞题材图像初探》，载《美与时代（中旬）》2010 年第 3 期，75-77 页。

杨钢：《浅谈南阳汉代画像石的艺术风格》，载《艺术教育》2007 年第 8 期，120-121 页。

杨钢：《从南阳画像石看东汉人的幸福观》，载《装饰》2009 年第 9 期，127-129 页。

杨钢、张怡：《论南阳汉画像石图形中的"势"》，载《美与时代（下半月）》2009 年第 8 期，53-55 页。

杨焕成、吕品：《河南画像石中的建筑图案》，载《中原文物》1983 年特刊，118-121 页。

杨士俊：《鲁迅关于南阳汉画的九封书信》，载《中州今古》1994 年第 5 期，4-5 页。

杨廷宾：《忆鲁迅先生为搜集南阳汉画像石拓片倾注了心血》，载《杨廷宾评传》，北京：中国水利水电出版社，2010 年，24-25 页。

杨伟：《南阳汉画平面感的形成》，载《装饰》2003 年第 8 期，38 页。

杨伟：《论南阳汉画的相似性构成》，载《宝鸡文理学院学报》2004 年第 4 期，79-82 页。

杨伟：《南阳汉画的美术学价值》，载《南都学坛》2004 年第 4 期，13-14 页。

杨伟：《南阳汉画平面感初探》，载《洛阳师范学院学报》2004 年第 4 期。

杨伟：《南阳汉画形象的体量控制》，载《装饰》2004 年第 6 期，61 页。

杨晓瑜：《南阳汉画像石中的和谐思想及其现代意义》，载《大舞台（双月号）》2008 年第 5 期，34-36 页。

杨孝鸿：《斗鸡及其内在的文化意义与社会时尚——以南阳英庄汉画像石〈斗鸡图〉为中心》，载《中国汉画学会第十三届年会论文集》，郑州：中州古籍出版社，2011 年，181-186 页。

杨孝鸿：《汉代羽化图像的发展及其原因》，载《南都学坛》2004 年第 2 期，11-15 页。

杨絮飞：《浅析南阳汉画像砖、石中的"军人形象"塑造》，载《中国汉画学会第十届年会论文集》，武汉：湖北人民出版社，2006 年，206-210 页。

杨絮飞：《以谢赫"六法"形式谈南阳汉画像石"六美"》，载《中国汉画学会第十三届年会论文集》，郑州：中州古籍出版社，2011 年，455-457 页。

杨絮飞等：《南阳汉画像石的装饰语素》，载《装饰》2005 年第 5 期，36 页。

杨义：《遥祭汉唐魄力——鲁迅与汉石画像》，载《学术月刊》2014 年第 02 期，101-134 页。

杨志玲、杜卫东：《论南阳汉画像石中汉代女性的服饰文化》，载《南都学坛》2001 年增刊。

姚伟：《来自汉朝的数千张"照片"——"南阳汉画像石"系列之一》，载《躬耕》2009 年第 4 期，40-42 页。

姚伟：《唤醒沉睡千年的灵石——"南阳汉画像石"系列之二》，载《躬耕》2009 年第 5 期，57-58 页。

姚伟：《涌动的活力打动鲁迅——"南阳汉画像石"系列之三》，载《躬耕》2009 年第 6 期，58-59 页。

姚伟：《"既丽且康"古南阳——"南阳汉画像石"系列之四》，载《躬耕》2009 年第 7 期，57-58 页。

叶乐：《论南阳汉画像石的线条运用》，载《牡丹江教育学院学报》2008 年第 6 期，93 页转 102 页。

一平：《南阳汉画像石的"藏"与"变"》，载《中原文物》1983 年特刊，136-139 页。

尹俊敏：《大禹举贤图考》，载《中原文物》1996 年特刊。

尹俊敏：《汉画〈羿射十日〉的艺术渊源及其寓意初探》，载《中国汉画学会第十届年会论文集》，武汉：湖北人民出版社，2006 年，317-321 页。

永明：《略谈南阳汉画像石中的俳优》，载《河南文博通讯》1979 年第 4 期，34-36 页。

玉祥、牛耕：《一幅汉代天文画像》，载《中国文物报》1992 年 9 月 6 日。

袁歆：《道教文化与南阳汉画像石艺术浅议》，载《美与时代（上半月）》2009 年第 10 期，120-122 页。

臧锐：《论汉代画像石中的动物造型之美》，载《郑州轻工业学院学报》2004 年第 4 期，77-78 页。

张朝霞：《南阳神灵信仰汉画产生的思想渊源》，载《中国汉画学会第十届年会论文集》，武汉：湖北人民出版社，2006 年，242-245 页。

张春岭：《天下绝响 大汉风范——南阳汉画像石拾遗》，载《东方收藏》2010 年第 9 期，16-18 页。

张春秋：《南阳汉画像石对陶艺创作的启示》，硕士论文，景德镇陶瓷学院，2008年。

张兼维：《"四神天象图"考》，载《南阳汉代天文画像石研究》，北京：民族出版社，1995年，67-70页。

张兼维：《南阳汉画考释质疑三例》，载《汉画学术文集》，郑州：河南美术出版社，1996年，280-283页。

张兼维等：《中国画成熟的时代和标志》，载《中原文物》1996年增刊，42-45页。

张今歌：《论南阳汉画像石中熊的意象》，载《平顶山学院学报》2012年第3期，91-94页。

张露露：《浅论南阳汉画像石中的熊图像》，载《大汉雄风——中国汉画学会第十一届年会论文集》，北京：高等教育出版社，2008年，567页。

张清华：《从汉画像看我国戏曲艺术的产生》，载《中原文物》1983年特刊，126-129页。

张宛艳：《从南阳汉画像石看汉代原始道教的孕育》，载《华夏文化》2009年第1期，21-24页。

张维华：《南阳汉画像石中的"蚩尤旗"》，载《中原文物》1981年特刊，87-88页。

张维华：《南阳汉画像石中的计里鼓车》，载《中原文物》1981年第2期，37-38页。

张晓军：《浅谈南阳汉画像石中牛的艺术形象》，载《中原文物》1985年第3期，73-80页。

张晓军：《南阳汉代花纹砖》，载《中原文物》2005年第4期，46-50页。

张晓军等：《南阳汉代画像石砖》，西安：陕西人民美术出版社，1989年。

张新斌：《汉代画像石所见儒风与楚风》，载《中原文物》1993年第1期，59-63页。

张新强、李陈广：《南阳汉画早期拓片选集》，郑州：中州古籍出版社，1993年。

张新强、徐俊英：《也谈南阳汉代画像石刻的两幅"日月交蚀"图像》，载《中原文物》1996年增刊。

张学增：《南阳吉祥汉画浅析》，载《美术研究》1994年第2期，16-22页。

张阳阳：《南阳汉画像石的构图研究》，载《神州》2012年第14期，217页。

张怡：《南阳汉画像石祥瑞图形研究》，硕士论文，中原工学院，2009年。

张怡：《试论南阳汉画像石祥瑞图形的美学特征》，载《电影评介》2011年第3期，78-80页。

张怡：《南阳汉画像石的意象造型》，载《芒种》2012年第21期，177-178页。

张勇、田丽：《谈南阳杨官寺汉画像石墓的年代问题》，载《中原文物》2009年第6期，50-54页。

赵成甫：《南阳汉画像石墓兴衰刍议》，载《中原文物》1985年第3期，71-74页。

赵成甫：《南阳汉画像石中的神话画像》，载《河南大学学报》1985年第4期，70-74页。

赵成甫：《南阳汉画像石墓分期管见》，载《汉代画像石研究》，北京：文物出版社，1987年，12-31页。

赵成甫：《楚画楚俗对南阳汉画像石的影响》，载《楚文化研究论集》（第四集），郑州：河南人民出版社，1994年，543-551页。

赵成甫：《南阳汉代画像石砖墓关系之比较》，载《中原文物》1996年第4期，78-83页。

赵成甫：《试述南阳晚期汉画像石墓的特征——兼谈南阳画像石墓消亡的原因》，载《汉画学术文集》，郑州：河南美术出版社，1996年，303-309页。

赵建中：《南阳汉画中角抵戏新探》，载《中原文物》1983年特刊，130-133页。

赵建中：《浅谈南阳汉画像石中的角抵戏》，载《考古与文物》1983年第3期，76-77页。

赵建中：《南阳汉代画像石主要动物题材刍议》，载《南阳师专学报》1986年第2期。

赵建中：《南阳汉代画像石主要动物题材刍议》，载《中原文物》1988年第4期，72-76页。

赵唯、王峰：《南阳汉画像石的浪漫主义特征》，载《南都学坛》2001年增刊。

赵唯、王爱军：《从南阳汉画看汉代人的精神风貌》，载《中国汉画学会第九届年会论文集》，北京：中国社会出版社，2004年。

赵艳霞：《南阳汉画像石图案装饰艺术研究》，硕士论文，江南大学，2009年。

郑世华：《论南阳两汉画像石的艺术精神实质》，载《美与时代（下半月）》2009年第8期，56-58页。

郑世华：《南阳汉画像石保护的现状、问题与对策》，载《河南科技学院学报》2014年第1期，78-80页。

郑先兴：《汉画螺女神话原型分析》，载《中国汉画学会第十届年会论文集》，武汉：湖北人民出版社，2006年，183-194页。

郑新：《南阳天象汉画像石所反映的生态哲学意识》，载《南都学坛》2007年第4期，24-25页。

郑延欣：《南阳汉画中的乐器与乐队组合》，载《许昌师专学报》2002年第4期，68-69页。

郑燕欣：《南阳汉画像石中音乐艺术的美学特征》，载《神州》2011年第14期，113-114页。

曾广：《从南阳汉画像石看古代建筑物的装饰性》，载《开封教育学院学报》2007年第4期，20-22页。

曾宪波：《汉画中的兵器初探》，载《中原文物》1995年第3期，17-20页。

曾宪波：《鲁迅收集南阳汉画拓片始末》，载《中州今古》1997年第3期，47-51页。

曾宪波：《南阳汉代画像石墓志题记题刻和现存汉代碑刻的初步研究》，载《南阳理工学院学报》2013 年第 2 期，123–128 页。

曾宪波：《浅析汉画中的虎》，载《南都学坛》1990 年第 5 期，19–21 页。

曾宪波：《由汉画试析先民对太阳黑子、日月相食及彗星天象的认识》，载《南阳汉代天文画像石研究》，北京：民族出版社，1995 年，97–100 页。

曾宪波、郭瑞华：《试析南阳汉画中的祥瑞图像》，载《汉文化研究》，郑州：河南大学出版社，2004 年，160–165 页。

曾宪波、强玉春：《南阳汉代画像石的发现、收藏历史与理论研究综述》，载《中国汉画学会第十三届年会论文集》，郑州：中州古籍出版社，2011 年，562–569 页。

曾宪波等：《论南阳汉代建筑艺术》，载《河南经济与社会发展策论》，北京：中国致公出版社，2002 年。

周到：《南阳汉画像石中的几幅天象图》，载《考古》1975 年第 1 期，58–61 页。

周到：《漫谈南阳汉画像石中的舞蹈》，载《舞蹈》1978 年第 6 期。

周到：《河南汉画像石艺术》，载《美术》1981 年第 2 期，55–57 页。

周到：《试析河南画像石刻中的乐舞百戏图像》，载《中原文物》1981 年特刊。

周到：《河南汉画像石考古四十年概况》，载《中原文物》1989 年第 3 期，46–50 页转 59 页。

周到：《汉画像与鼓乐》，载《舞蹈艺术》1994 年第 2 期。

周到、吕品：《河南汉画中的远古神话考略》，载《史学月刊》1982 年第 2 期，23–29 页。

周到、吕品：《南阳汉画像石简论》，载《中原文物》1982 年第 2 期，41–47 页。

周到、吕品：《河南汉画略说》，载《中原文物》1983 年特刊，68–73 页。

周到等：《唐河针织厂汉画像石墓的发掘》，载《文物》1973 年第 6 期，26–40 页。

周坤：《游南阳汉画馆》，载《羊城晚报》1966 年。

周新献：《石上春秋——南阳汉画与汉文化》，北京：中国文联出版社，2003 年。

周中玉：《南阳汉画像石的艺术语言评析》，载《作家》2009 年第 10 期，260–261 页。

周子强：《焕发的肌理——南阳汉画像石肌理说探索》，载《雕塑》2003 年第 3 期，9–11 页。

周子强：《独特的构成形式——南阳汉画像石的构成形式》，载《美与时代》2005 年第 3 期，29–30 页。

周子强：《汉画像石造型元素在南阳城市雕塑设计中应用的途径与策略》，载《南都学坛》2009 年第 4 期，18-19 页。

朱俊全、李国红 :《从南阳出土的画像石看汉代军事体育活动》，载《体育文化导刊》2008 年第 4

期，121-122 页。

朱凌博 :《浅析南阳汉代画像石》，载《新课程学习（下）》2013 年第 7 期，166 页。

朱士麒 :《南阳汉画像石四灵图像研究》，载《许昌学院学报》2013 年第 6 期，86-91 页。

庄建 :《国图展出南阳汉画像石拓片》，载《光明日报》2012 年 12 月 3 日。